"起來！"
我們的國歌

〔增訂版〕

黃天 著

三聯書店（香港）有限公司

| 責任編輯 | 李　斌　徐永文 |
| 書籍設計 | 吳冠曼 |

書　　名	"起來！"我們的國歌（增訂版）
著　　者	黃　天
出　　版	三聯書店（香港）有限公司
	香港北角英皇道 499 號北角工業大廈 20 樓
	Joint Publishing (H.K.) Co., Ltd.
	20/F., North Point Industrial Building,
	499 King's Road, North Point, Hong Kong
香港發行	香港聯合書刊物流有限公司
	香港新界荃灣德士古道 220-248 號 16 樓
印　　刷	美雅印刷製本有限公司
	香港九龍觀塘榮業街 6 號 4 樓 A 室
版　　次	2018 年 9 月香港第一版第一次印刷
	2021 年 6 月香港增訂版第一次印刷
規　　格	大 32 開（140 × 210 mm）228 面
國際書號	ISBN 978-962-04-4825-6

© 2018, 2021 Joint Publishing (H.K.) Co., Ltd.

Published & Printed in Hong Kong

田漢（右）和聶耳合創《義勇軍進行曲》

聶耳最後審音定稿的《義勇軍進行曲》手稿

目錄

代序

國歌多從戰火來

　　國歌，是一個國家全體國民團結奮進之聲，故有「國之第一歌」之稱，具有神聖、莊嚴的聲音形象，同時也是國家的象徵。所以每個國家都非常重視維護自己的國歌，甚至立法保護，教育國民從小學會尊重、維護和唱好國歌，而且不但懂得尊重自己的國歌，還要懂得尊重其他國家的國歌。現代社會，各種形式的交往日趨頻繁，而國與國的外交活動、文化交流和體育競賽均會互奏國歌，既是禮儀，又是尊重。這時，與會人士必須起立，舉止莊重，表現出現代人的禮儀風度。

　　其實，任何一個國家的國歌都應該受到尊重，因為每首國歌都有很不平凡的故事，深受該國人民的喜愛和擁護，是經過千挑萬選出來的。同時，有許多國歌在最初面世時，是反侵略、反壓迫的衛國之歌，又或者是反專制、反腐敗政府的革命戰歌。

　　荷蘭國歌《威廉頌》，被推為世界上最古老的國歌，它就是一首戰歌，歌頌荷蘭國父威廉・凡・奧蘭治（Willem van

Oranje Nassau, 1533-1584 年）。威廉・凡・奧蘭治雖是貴族出身，但不想長期受制於西班牙的殖民統治，他便帶領荷蘭人民起來爭取獨立。反鎮壓的戰爭爆發，但威廉・凡・奧蘭治的獨立軍被擊敗，他逃到鄰國。翌年（1568 年），威廉・凡・奧蘭治東山再起，聯合更多反殖民的組織，展開抗擊。1578 年，他們終於奪取了荷蘭北部七個省，遂對外宣佈獨立，而威廉・凡・奧蘭治便成為荷蘭共和體制的開國之父，備受頌揚。在獨立戰爭期間（1568-1578 年），已有詩人寫成十五節歌詞，用各節第一個字母組合成威廉的名字，然後配上一支已經流行的法國軍曲來奏唱，聲調雄壯，很能激勵士氣，早已深入人心。荷蘭獨立後，便將人人愛唱的《威廉頌》定為荷蘭國歌。歌詞中有：

> 我一心忠於祖國直到生命告終……，我的行動聽命於你，我的信仰決不放棄；永遠保持虔敬，永遠為你效力，去驅逐兇惡的暴君，他踐踏我的心。[1]

國歌能振奮人心，團結各個階層，凝聚力量，很多國家有見及此，紛紛仿效荷蘭，制定自己的國歌，提升國家形象。

1　參考紫茵著《我們的國歌》，上海：上海音樂出版社，2015 年。

英國的國歌約誕生於十八世紀四十年代，背景亦是與西班牙作戰，取得勝利後由亨利・凱里作曲慶賀。後來這首曲填上詞，名為《天佑吾皇》，被選定為英國國歌。當英國的君主由女性出任，就會改稱《天佑女皇》。在大英帝國的全盛時期，英國的國歌除在英倫三島奏響外，其殖民地和屬土都會奏起《天佑吾皇》。因為有這樣的淵源，後來有些國家雖已脫離英國獨立，仍然用《天佑吾皇》為國歌。也有一些國家另創一首新歌，與《天佑吾皇》並列成為雙國歌。而《天佑吾皇》的曲調，又曾被很多國家另外填上歌詞，成為他們的國歌。如沙皇俄國、德意志第二帝國，就連美國以前的國歌《亞美利加》也是使用《天佑吾皇》的曲調。

法國國歌《馬賽曲》，在國際上被譽為幾首最動聽的國歌之一。同時，《馬賽曲》亦是一首典型的飽歷戰火的軍曲。作曲填詞出自才華橫溢的魯日・德利爾（Rouget de Lisle, 1760-1836年）。他出身貴族，皇家工程學校畢業。德利爾醉心於藝術，愛好寫詩，又是一位作曲家。

1789 年，法國大革命爆發。這是一場大規模的全國性民眾運動，目的是要推翻王室政權，打破舊秩序。革命運動席捲全國，震動整個歐洲。其他君主國家擔心受到影響。1792 年，奧地利便和普魯士組成聯軍干涉大革命，令形勢逆轉。正在斯特拉斯堡中任軍事工程師的魯日・德利爾為鼓舞士氣，創作了

《萊茵河軍隊戰歌》，表達出法國人民為爭取民主、為反對暴政敢於勇往直前的革命意志。當時，由馬賽營的志願軍高唱著這首戰歌向巴黎進發，歌詞是鼓勵人心的：「前進，祖國的兒女，光榮的時刻已來臨⋯⋯同胞，投身到戰場去。前進！前進！」所以後來將《萊茵河軍隊戰歌》改稱為《馬賽曲》，並於 1795 年定為法國國歌。法蘭西第二帝國（1852-1870 年）將《馬賽曲》廢棄。到了 1879 年法蘭西第三共和國再恢復為國歌，沿用至今。

美國的國歌也有其悲壯的一頁，時代的背景是在美國「第二次獨立戰爭」。

1812 年 6 月 18 日，美國向英國宣戰。初期，美軍在海戰方面稍為佔優。但至 1814 年局勢逆轉，出現危機，英軍攻陷首都華盛頓，將白宮焚毀。同時，英軍艦隊已逼近巴爾的摩港，以收夾擊之效。巴爾的摩港距華盛頓僅四十一里，是首都海防的一道屏障，所以早在 1803 年在港口東南的一個小島上就構築了堅固的麥亨利堡，扼守著海口。當時的指揮官喬治·阿美斯特德，特意縫製了一面特大的星條旗（美國國旗），高高地升掛在城堡之上，以激勵將士，拚死守城護旗。是年 9 月，英艦向麥亨利堡發炮狂轟，試圖攻破城堡。其時，美國律師弗朗西斯·斯科特·基（Francis Scott Key, 馬利蘭州人，1779-1843 年），因為要營救被英國艦隊扣留下來的平民和他的一位醫生

朋友，勇敢地登上英艦，展開交涉，請求釋放一眾人等。最終英方答應所求，但要在戰事之後才可釋放，因為這些人看見過英軍的列陣情況和大量資料。而弗朗西斯也須留在艦上。8月13日凌晨，一陣炮聲過後，弗朗西斯透過炮火的一縷縷硝煙，看到堡上的美國星條旗正迎風招展，不禁大為感動，熱血沸騰。素有文學修養熱愛寫詩的弗朗西斯，急忙找了一張信紙，將那一刻的所見所感所想化為幾行詩，謳歌星條旗。這一役，英國艦隊無法攻下巴爾的摩港。到了年底，美英結束戰事，締結《根特條約》。

戰後，弗朗西斯把《星條旗詩》寄給好友尼科爾遜法官，分享詩作。尼科爾遜受詩篇感動，大加讚賞，建議用一首當時十分流行的曲子 To Anacreon in Heaven（《阿納克里翁在天上》）來作配曲，取名《星條旗之歌》。該曲原創者是英國作曲人約翰・斯塔福德・史密斯（John Stafford Smith, 1750-1836 年），他既是作曲家，也是男高音歌唱家。他製作的 To Anacreon in Heaven，本來已經十分流行，配上《星條旗詩》之後，美國人就更加熱愛，感情十足地傳唱，成為不朽名曲，他亦因此曲而留名。經過百多年傳唱，1931 年美國國會正式將《星條旗之歌》定為美國國歌。

美國國歌共有四節，通常只唱第一節。弗朗西斯的歌詞有幾個中譯本，今摘引其一：

啊！在晨曦初現時，

你可看見是什麼讓我們如此驕傲？

在黎明的最後一道曙光中歡呼，

是誰的旗幟在激戰中始終高揚！

火箭紅光閃爍，炸彈隆隆作響，

我們看到要塞上那面英勇的旗幟，

在黑暗過後仍然聳立！

啊！你說那星條旗是否會靜止，

在自由的土地上飄舞，

在勇者的家園上飛揚！

　　來自烽火硝煙的國歌當然不止上舉之數，而我們的國歌也是誕生在隆隆的炮火聲中，其曲折迴環、壯懷激烈處，較之《馬賽曲》和《星條旗之歌》猶有過之而無愧。

　　中國國歌的原創是為電影《風雲兒女》的主題歌而作的《義勇軍進行曲》。這首《義勇軍進行曲》是由曾經留學日本的田漢和年僅二十三歲的青年音樂家聶耳合創的。其時，正值日本侵華，東北三省和熱河已告失陷，上海則籠罩在白色恐怖中，危機四伏，一片蕭殺之氣。這時，田漢的劇本全稿未書成，歌詞墨跡猶未乾，便已被拘入獄；聶耳聞得追捕聲，避走日本，剛譜定曲子便不幸魂斷綠波。他們的戰友忍著淚水，將電影攝

製完成，把《義勇軍進行曲》錄製好，衝開雲霧，電影、唱片齊上場，《義勇軍進行曲》雄壯的歌聲迅速傳開，唱遍中華大地，響徹長城內外，遠颺至南洋諸島，更飛越太平洋，在美國傳唱。著名黑人歌手保羅・羅伯遜（Paul Robeson, 1898-1976 年）還學會用華語來高唱，灌錄成黑膠唱片。戰後，日本藤澤市不計什麼糾結，為寫下大量抗日歌曲的聶耳豎立了紀念碑。

《義勇軍進行曲》誕生於「中華民族最危險的時候」，振起了民族魂，旋律跨越世代，成為不朽名曲，又幾經波折，歷經考驗，終於成為中華人民共和國國歌不二之選。

滿載著一樁樁感人事跡的《義勇軍進行曲》，就是那麼教人蕩氣迴腸，浮想聯翩。

序章：
清末民國頻換國歌

歷史回眸，重看近代史，西方的科學技術、經濟文化確是著著領先東方，逐漸形成由西方主導並確立了好些國際準則。當然，這些西方準則並不一定放諸四海而皆準，因為東方和西方始終存在著文化差異和價值觀的不同，總會有抗拒甚至發生衝突。

　　但有些事物，經過一段時間磨合，求同存異，漸漸成為各方接受的公約或慣例。其中能夠團結人民、振奮民心、代表一國之聲的國歌，常在國與國之間的交往中奏響，體面而具威儀，自然受到各國的讚許和認同，遂紛紛仿效選定自己的國歌。

晚清急就章的國歌

　　清末西學東漸，清政府也曾推行洋務運動。其中熱中者曾紀澤（1839-1890 年。曾國藩長子，在與俄國訂立《伊犁條約》的談判中，成功取回伊犁等九座城市及特克斯河流域附近的領土），自學而通曉英語，亦精通樂律，奉使英法，後又兼任俄使，出使生涯前後共八年半，深刻明白近代西方文明遠超中國。他回國後，曾奏請朝廷效西方國家制定國歌，並草擬了《國樂草案》，建議將樂名定為《普天樂》。但草案未為當權者垂青，因而被棄置。

　　迨光緒二十二年（1896 年），俄國新皇尼古拉二世加冕。歐美各國按西方儀禮派遣親王、大臣或高官赴俄申賀。清廷也

1896 年李鴻章外訪歐美，圖為李鴻章乘船抵達倫敦。

跟隨國際禮儀，簡派七十四歲老臣李鴻章出使赴俄恭賀，並洽談中俄密約，再歷訪歐美諸國。由於李鴻章此行所領的頭銜是「頭等欽差大臣」，有代君行事的尊貴地位，因而所到之處皆以元首之禮相待。在歡迎儀式中，按照禮儀會演奏賓主兩國的國歌。但清廷尚未趕上潮流，還未定有大清國歌。為免場面尷尬，李鴻章來個急就章，與隨員商定一首清宮雅樂，然後配上唐朝詩人王建的七絕（「金殿當頭紫閣重，仙人掌上玉芙蓉；太平天子朝天日，五色雲車駕六龍。」）權充大清國歌。這不過是李鴻章外訪歐美各國時即興頂替之作，是未經御准、法定的，不是真正的大清國歌，只能稱作「李中堂樂」。按當時的律例，這首樂曲沒有上呈御准，是會招罪的。尤幸李鴻章選的詩句是歌頌天子、朝廷的，也就不獲追究，更被默許了一段日子，曾在一些重要的外事活動中演奏起來，繼續權充頂替。

後來，清廷改革軍隊編制，學習西方國家成立陸軍部，譜寫了陸軍軍歌《頌龍旗》。歌詞頌揚帝國的強大威勢：

於斯萬年，亞東大帝國。山嶽縱橫獨立幟，江河漫延文明波；四百兆民神明胄，地大物產博。揚我黃龍帝國徽，唱我帝國歌！

正因為有了這首陸軍軍歌，在 1906 年以後，被清廷拿來在

國事外交中演奏，亦是權充一時的代國歌[2]。

　　腐敗的清廷已是江河日下，岌岌可危。愛新覺羅皇家一族迫於無奈，於光緒三十一年（1905 年）派五大臣出洋，毫不諱言「力求變法，銳意振興」，尋求「起衰弱而救顛危」之法。戴鴻慈和端方等五大臣奉旨出使九國，主要考察憲政，並及工業生產和教育等方面。五大臣出使回來，上奏直言：「不避斧誅，合詞籲懇」，請立即著手制定憲法。但如果制定憲制，一定會削弱君權，皇室一族當然不會那麼輕率答應，於是就使出拖延手法。這麼一來，更加成為革命黨人倒清的一大口號。宣統二年（1910 年），各省督撫及資政院奏請頒行憲法，組織內閣，速開國會。已是苟延殘喘的清政府，唯有宣佈三年後召開國會。翌年（1911 年），為邁向新憲制，先行降旨諭令制定國歌。其後，交由曾留學英國並翻譯了《天演論》的嚴復（1854-1921 年）作詞，愛好戲曲的溥侗編曲，再由郭曾炘修訂製譜，合創成《鞏金甌》。是年 10 月 4 日，清廷讚譽《鞏金甌》「聲詞尚屬壯美，節奏頗為中和」，即頒令為大清國歌；這也是中國第一首法定的國歌。歌詞是：

2　同註 1 引書《我們的國歌》，頁 33。

清政府的第一首法定國歌《鞏金甌》

鞏金甌，承天幬，

民物欣鳧藻。

喜同袍（胞），

清時幸遭，真熙皞，

帝國蒼穹保。

天高高，海滔滔。

詞意是：鞏固國土完整，荷蒙上天覆被，百姓歡欣愉悅。
喜見同胞幸遇清平盛世，和樂安居，心情歡暢。大清帝國仰賴

上蒼保佑，如天之高、海之深那樣永久無盡。

　　只是大清氣數已盡，上天也不再眷顧了，作為中國第一首法定的國歌《鞏金甌》，在頒佈之後僅僅六天，就隨著 10 月 10 日武昌起義而告夭折。《鞏金甌》華麗一閃，也許還來不及為國事活動登過場，便告曲終人散！

民國北洋政府頻換國歌

　　1912 年 1 月 1 日，中華民國臨時政府在南京成立，孫中山就任臨時大總統，即指示教育總長蔡元培向公眾徵求國歌。2 月，匆匆選出沈恩孚作詞、沈彭年作曲、取名《五旗共和歌》為臨時國歌。「五旗」是五色旗的簡稱，因為孫中山提出漢滿蒙回藏「五族共和」來建國，遂以紅黃藍白黑五色旗為國旗[3]。這《五旗共和歌》的歌詞是：

亞東開化中華早，

揖美追歐，舊邦新造。

3　1912 年 1 月 28 日，中華民國臨時參議院審議各項提案時，決議以五色旗為國旗，象徵漢、滿、蒙、回、藏「五族共和」。1920 年 11 月 25 日，孫中山在廣州重組軍政府，被推為非常大總統時宣佈廢用五色旗，頒定青天白日滿地紅為國旗。1927 年 4 月 18 日，南京國民政府成立，通過青天白日旗為中華民國國旗。

飄揚五色旗,

民國榮光,錦繡河山普照。

吾同胞鼓舞,

文明世界,和平永保! [4]

但這首《五旗共和歌》亦和《鞏金甌》一樣,很快就奏不起來了。因為袁世凱騙取了總統之位,在北京另搞一套,《五旗共和歌》當然也被棄置一旁。回看「舊邦新造」那句歌詞,似有點詭譎,其語意和「舊酒新瓶」頗相近,這不正是袁世凱所耍的花招嗎?

袁世凱的北洋政府成立後,曾數度公開徵求國歌,但都沒有合適的歌曲。到了 1913 年 2 月,教育部第三次刊佈《請撰國歌書》,首先徵集歌詞,同時專懇博學之士撰寫。後來收到章炳麟(太炎)、張謇(季直)、錢恂(念劬)、汪榮寶(袞甫)四家的回件。

國學大師章太炎擬的歌詞是:「高高上蒼,華嶽挺中央;夏水千里,南流下漢陽。四千年文物化被蠻荒,蕩除帝制從民望。兵不血刃,樓船不震,青煙不揚,以復我土宇版章,復我

4　參見李靜著〈民國國歌《卿雲歌》的誕生與爭論〉,刊於《文藝研究》2007 年第 3 期,頁 100。

101. The National Flag of the Chinese Republic

旗 國 國 民 華 中

中華民國早期的國旗是五色旗（民國二年〔1913 年〕明信片，筆者藏）

土字版章。吾知所樂，樂有法常。休矣王族，無有此界爾疆。萬壽千秋，與天地久長[5]。」

據國會公議的結果，認為「章之作近於鬱勃悻惻」，沒被選上。

張謇擬的歌詞分作三段。首段「仰配天之高高兮」有六十九字；中段為「天下為公兮」七十五字；尾段為「吾園固、吾國昌」六十九字。詞的主旨描繪盛世和鳴，雖曾獲好評，但未免古奧，亦過於冗長，最終也落選。

錢恂之作共一百三十三字，音韻佳合，但仍然是一派高古老調，不被採選。

至於汪榮寶，他沒有擬寫歌詞，反而推薦《尚書‧大傳》中相傳是虞舜所作的《卿雲歌》。其詞曰：「卿雲爛兮，糾縵縵兮；日月光華，旦復旦兮。」詞意是：祥雲燦爛，縈迴繚繞；日月光輝，長久無止。為了加強表示堯舜不以天下為一己之私，能夠讓位賢者，汪榮寶在後面接上兩句：「時哉夫，天下非一人之天下也。」但另外有一個解釋，指堯舜私自讓位，也有將君位作私有的一種權力。於是新的《卿雲歌》便寫成：

5　同註 4 引李靜文，頁 101。

卿雲爛兮，糾縵縵兮；日月光華，旦復旦兮。時哉夫，天下非一人之天下也。時哉夫，天下非一人之天下也。

因為 4 月 8 日國會將行開院禮，須奏國歌。教育部即決定以汪榮寶所薦的《卿雲歌》來充之，並聘請僑寓北京的法籍比利時音樂家哈士東（Joan Hautstone）譜曲，暫代為國歌。

民國四年（1915 年），袁世凱圖謀稱帝，也許他已不能忍受《卿雲歌》那句：「天下非一人之天下也」，頗有點阻礙他當上皇帝之意，乃下令另徵國歌。是年 5 月 23 日，袁世凱頒佈總統令以蔭昌作詞、王露作曲的《中華雄立宇宙間》為國歌。歌詞集中描繪中華大地、山川河嶽的氣勢：

中華雄立宇宙間，廓八埏，華胄來從崑崙巔，江河浩蕩山綿連，共和五族開堯天，億萬年。

不過，僅僅一年多，此歌隨著袁世凱歸天，亦告弦斷曲終。

民國八年（1919 年），北洋政府教育部成立了「國歌研究委員會」，公開徵選國歌，來件雖多，均未達採選要求。後來，有建議採用趙元任作曲作詞的《盡力中華》來暫代國歌。其歌詞是：

北洋政府於 1921 年頒佈《卿雲歌》為國歌。作曲者蕭友梅（前右一）。

聽，我們同唱中華中華中華！聽，君不聞亞東四萬萬聲的中華中華，都同氣、同聲、同調、同歌中華中華！來，三呼萬歲中華中華！中華！……

歌詞共一百五十八個字，「中華」一詞共二十七個，重複得太多了，而且詞意膚淺得幼稚，所以很快就被叫停。此時，章太炎反提出重用《卿雲歌》的歌詞，然後徵曲成為新國歌。

1920 年 3 月，蕭友梅[6]從德國留學回來，即被選入「國歌研究會」。同時，教育部邀請蕭友梅、王露、陳仲子、吳梅分別作曲，以便甄選。蕭友梅曾撰文指出《卿雲歌》的歌詞過於高古深奧，不宜用作國歌的歌詞。但他表示仍然會盡量使用西洋作曲手法譜寫。最終他提交了 E 大調 4/4 拍共十六小節的曲譜。經過教育部等多方審聽，認為曲調莊嚴高雅，通過了採

6　蕭友梅（1884-1940 年），音樂教育家、作曲家和音樂理論家。字雪明，號思鶴。五歲，隨父遷居澳門，因而有機會接觸到西洋音樂。其後，東渡日本留學，考進東京帝國大學與東京音樂學校，選修鋼琴及聲樂。1909 年畢業回國，曾被清廷授以在「學部」（相當於現在的教育部）做「視學」。1912 年底再赴德國深造，考入萊比錫音樂學院，以優異成績取得博士學位。回國後，先後主持北京女子高等師範學校和北京大學的音樂系。1927 年，獲蔡元培的支持，在上海創辦國立音樂院（上海音樂學院的前期院校）。在那十年的黃金時代，培養了兩百多名著名音樂家。蕭友梅創作了《國難歌》、《國民革命歌》、《國恥》和《從軍歌》等愛國歌曲，以及我國第一首大提琴獨奏曲《秋思》等。

選，提請北洋政府國務會議通過。於是由蕭友梅作曲的《卿雲歌》便成為國歌，從 1921 年 7 月 1 日起頒佈施行，全國傳唱。但這首國歌唱到 1928 年，也緊隨北洋政府的垮台而廢止[7]。

國民黨黨歌兼作中華民國國歌

辛亥革命後，袁世凱竊據大總統之位，還圖謀稱帝。孫中山遂發動「倒袁」的第二次革命。後來，孫中山在廣州建立大元帥府，策劃出兵北伐，推翻北洋政府。為此，需要建立一支直屬於中國國民黨的軍隊；首先開辦軍校，以培養有革命理念又能帶兵的幹部。民國十三年（1924 年）6 月 16 日，廣州黃埔陸軍軍官學校正式開學。據說，孫中山的老同志和秘書都忙著為典禮的開幕辭費思。有提議撰寫訓詞，以鼓勵學員努力學習，將來為國家承擔更大的責任。胡漢民、戴季陶、廖仲愷、邵元沖皆飽學能文，聚室集思。胡漢民首先提筆，寫出：「三民主義，吾黨所宗。」接著戴、廖、邵諸公也一人一句地湊起來，合撰成：

7 　參見于波撰〈「教父」蕭友梅〉，收錄在《民國音樂：未央》，北京：東方出版社，2013 年，頁 47-48。

三民主義，吾黨所宗。

以建民國，以進大同。

咨爾多士，為民前鋒。

夙夜匪懈，主義是從。

矢勤矢勇，必信必忠。

一心一德，貫徹始終。

訓詞稿送呈孫中山審閱，他大為讚賞，即囑胡漢民謄正，作為訓詞。開幕典禮那天，孫中山以「革命的基礎在高深的學問」為題致辭，後由胡漢民宣讀以上訓詞 [8]。

這篇訓詞乃四言韻文，一般稱之為「黃埔軍校訓詞」，或稱「黃埔官校訓詞」，簡稱「黃埔訓詞」；又因孫中山是中國國民黨總理，故又稱「總理訓詞」。

1928 年，國民革命軍北伐成功，南北統一。國民政府委員戴季陶建議將「黃埔軍校訓詞」用作「中國國民黨黨歌的歌詞」，冀使黨員和黃埔軍校師生不忘總理（孫中山）教誨，為實現三民主義而奮鬥。至於曲譜，再公開徵集甄選。

1928 年 11 月 28 日，國民黨中央常務委員會議決定組成

---

8 參見莊政著〈我國國歌之沿革〉，收錄在台灣《師友月刊》，1989 年 8 月，頁 57。

1924 年 6 月 16 日，孫中山在廣州陸軍軍官學校成立典禮上致辭，並公佈《黃埔軍校訓詞》。

「黨歌曲譜審查委員會」，成員有：蔣介石、蔡元培、譚廷闓、胡漢民、吳敬恒、張人傑、孫科、戴季陶、葉楚傖和教育部部長蔣夢麟共十人[9]，並在報刊上刊登徵求黨歌曲譜，以配合孫中山先生的訓詞。

徵求曲譜的消息傳開後，躍躍欲試的音樂人不少，其中留學日本畢業於東京音樂學校的程懋筠，也思一試。

其時，程懋筠自日回國才兩年，正獲聘為南京中央大學藝術教育專修科的系主任，兼任聲樂學副教授。他不善應酬，恥於阿諛奉承，教學工作不甚得意。一天，他悶在書房，打開孫中山的訓詞，嘗試一字一字地譜曲。他盡量希望做到曲譜有韻律、有節奏，所以仔細推敲每一個樂句、每一個樂段。但譜成後，程懋筠不甚滿意，將樂稿扔進廢紙簍中。猶幸夫人舒文輝在打掃書房時，從廢紙簍中撿出樂稿，細閱之下，覺得曲譜莊嚴肅穆，別有一番浩然之氣。於是，她便重新謄抄一份，悄悄地寄去參選[10]。

應徵的曲譜共有一百三十九首，評選的辦法是由合唱團在幕後逐一演唱參選的曲譜，評委們在台下聆聽，然後打分、表決。經過精選，有四首進入決選。12 月 28 日的審聽會上，最

9　參見丁麗麗撰〈「藝術至上」程懋筠〉，收錄在《民國音樂：未央》，頁 168。

10　同註 9 引丁麗麗文，頁 168-169。

終選出第 80 號作品即程懋筠所作之譜為黨歌曲譜。1929 年 1 月 10 日，國民黨中央常務委員會決議採用程懋筠的作品來配製黨歌，理由是曲調平和、有民族意識的效果 [11]。

當報刊刊出決選結果，程懋筠始悉自己曾拋棄的曲稿竟然入選為黨歌，並得到五百銀圓獎金，不禁大喜過望，與家人一同慶祝。

1930 年 3 月 24 日，行政院決定在國歌未制定前，暫以黨歌代國歌。

但這首又稱為《三民主義歌》的黨歌，畢竟是一黨之歌，權充國歌是一時之需，永遠採用，難免有不同意見，尤其是歌詞中的「吾黨所宗」句，常引來非國民黨人士的詬病。有鑑於此，教育部自 1930 年至 1931 年 6 月，三度行文通告全國徵求國歌，共得稿件二千多篇，惜無一獲選。繼續徵求至 1936 年，得歌詞多達三千餘首，仍然沒有一首能達到評審委員會的標準。民國二十六年（1937 年）5 月 20 日，國民政府五院院長會同審查，6 月 6 日經中央第四十五次會議初步決定：「以黨歌為國歌」。到民國三十二年（1943 年），國民政府正式公佈《三民主義歌》就是國歌 [12]。

---

11 同註 10。

12 同註 8 所引莊政著〈我國國歌之沿革〉，頁 58。

國民黨黨歌兼中華民國國歌

但新時代必換上新氣象，新國歌也同時奏唱起來！1949年10月1日中華人民共和國成立，即以《義勇軍進行曲》成為新中國的暫代國歌，2004年更獲全國人大通過，成為中華人民共和國國歌不二之選而被寫入憲法。

附：被遺忘的程懋筠 [13]

程懋筠（1900-1957年），生於江西省南昌。祖籍新建縣，世代為清朝官宦，有「一門三督撫」的榮耀。祖父程志和是同治戊辰進士，曾參加撰修《江西通志》。父親程時耀曾任江西省女子師範學校教員。

程懋筠生長於書香門第，自幼便能誦文作詩，雅愛音樂。1918年，懋筠隨兄長赴日本留學。父親以科技才可救國，囑咐二人攻讀理工科。但程懋筠對理工科毫無興趣，苦熬了三年，終轉學考入東京音樂學校，主修聲樂，兼習作曲，成績優異。1926年學成歸國，即任南京中央大學藝術教育專修科的聲樂副教授兼系主任。1933年初，回故鄉南昌，帶領音樂教育委員會推行國民音樂，編輯出版《音樂教育》月刊，在他的感召下，全國的音樂名家紛紛來稿，包括蕭友梅、王光祈、趙元任、青

---

13 同註9丁麗麗文，頁166-183。

被遺忘的程懋筠

主、蕭而化、賀綠汀、章枚等，在音樂界造成一定的影響。他還策劃出版了《音教抗戰曲集》。

抗日戰爭期間，他又組織演出宣傳抗日話劇，如《電線杆子》、《淚灑晴空》等。他創作的抗戰歌曲有約四十首，其中《打鐵歌》極具特色，作品引入模仿打鐵的「叮噹叮噹叮」聲音，生動刻畫出打鐵工人一起勞動錘打的情景。原來程懋筠把敵人比喻打鐵，一語雙關：「大家一心來打鐵，打鐵要趁熱，敵人好比是頑鐵，重錘猛打不要歇。」歌詞詼諧、寓意深刻，引起共鳴。

然而，作為國民黨黨歌的作曲人程懋筠，一度使他揚了名，但也讓他的人生坎坷不平，以致身後幾乎被人遺忘！

　　程懋筠不止一次被國民黨邀請入黨，他都拒絕了。1947年暑假曾赴台灣，師範學院致聘書請就任教，他沒有接受，旋回上海。及至上海解放，他帶病上街與民眾一起迎接解放軍入城。1949年10月1日，中華人民共和國成立，他滿懷激情，作曲填詞，寫了《新中國頌》：

> 看啊，我們的祖國真是偉大雄壯！
> 山有珠穆朗瑪，
> 水有黃河長江，
> 物多地大歷史久長，
> 人民勤樸又堅強。
> ……
> 努力啊努力！
> 新的中國偉大堅強！

　　1951年春，程懋筠應西北師範學院之聘，西赴蘭州，途經西安，腦溢血突發，留西安休養。1953年回南京居住，仍勉力創作。1957年7月31日，腦溢血病復發而逝，享年五十七歲。

　　程懋筠沒有遷居台灣，台灣方面對這位既是國民黨黨歌又

是中華民國國歌的作曲者，就不作詳細介紹、論說，任由他淡出音樂舞台，被人遺忘。而他留在大陸，不幸早逝。又因為他是中華民國國歌的作曲者，在過去只強調政治正確和階級鬥爭的年代，程懋筠便得靠邊站，甚至銷聲匿跡，空白無傳。

程懋筠是一位出色的音樂教育家、歌唱家、作曲家、指揮家，他在中國近代音樂史上應該佔有一席位。今後，就讓音樂更加灑脫，讓音樂人陶醉在音符之中，讓跳躍的音符去縈迴吧！

田漢、聶耳
合創中國國歌

「九・一八」事變

　　辛亥革命之後，日本更加密切注視中國政局的變化，曾出手揀選培植一些軍閥，以成為他們的傀儡。1927 年 6 月底，田中義一首相在東京主持「東方會議」，宣稱中國政局不穩，影響日本的利益，應要制定《對華政策綱領》。說得清楚點，就是要侵佔「滿蒙」，亦即是劍指中國東北三省。

　　他們首先在 1928 年 6 月 4 日製造了「皇姑屯事件」[14]，將拒絕屈從交付東北權益的軍閥張作霖炸死。繼於 1931 年 6 月底，引發起「中村事件」[15]。復於 7 月，挑撥起「萬寶山事件」[16]。日本

---

14 奉系軍閥張作霖，因拒絕日本苛索更多的權益，令日方懷恨在心，訂下暗殺計劃。1928 年 6 月 3 日，張作霖由北平乘車回東北。翌晨，火車經過皇姑屯車站時，被日本關東軍預埋的炸彈炸死，史稱「皇姑屯事件」。

15 中村震太郎大尉和井杉延太郎喬裝為農業研究員，在大興安嶺一帶進行間諜調查活動，於 1931 年 6 月 27 日被屯墾軍捕獲，代團長董昆吾擔心中國外交積弱，恐怕經過交涉，間諜會被釋放，測繪的地圖會被取回。出於民族義憤，屯墾軍第三團官員即日秘密將中村等人處決。日本稱之為「中村事件」。

16 1931 年 4 月，日本的長農稻田公司強租長春萬寶山土地，然後擅自轉租給朝鮮移民耕種。7 月，朝鮮移民截流引水灌田，與當地農民發生衝突。日本警察到場鎮壓，打傷中國的農民，更致電朝鮮的報館，造謠中國人排斥朝鮮人，引致朝鮮各地颳起排華風，在仁川、漢城（今首爾）、平壤等地，共有一百零九名華人被殺，史稱「萬寶山事件」。

1931 年 9 月 18 日晚，日本關東軍自爆柳條湖鐵路，轉嫁為中國軍隊破壞，連夜出兵。

日本佔領瀋陽，設立關東軍司令部。

1931 年 9 月 22 日，吉林淪陷。

製造這一連串事端，就是讓他們用作藉口，提出諸多不合理的索償和迫使中國做出更大的退讓。

　　1931 年 9 月 18 日晚上約 10 時 30 分，日本關東軍自炸柳條湖鐵路，轉嫁為中國士兵所為，燃起他們的導火線，揮軍攻打瀋陽城，是為「九‧一八」事變。早有部署的日軍，另一支部隊已向長春進犯。由於當時的國民政府下令不得抵抗，以求取國聯派員前來調停。因此造成日軍沒有遭受到抵抗，便能長驅直進，佔城掠地。僅一個星期，即攻佔瀋陽、長春等三十多座城市；五個月不到，東北三省便全部落入日軍手中。

東北義勇軍的組成

　　鐵蹄踏碾，槍炮枕視，不願俯首為奴者，淚別爹娘，棄家而逃。這些東北流民，為避戰火，向南漂流，甚至妻離子散，每當憶及故鄉，便嗚咽地唱出《松花江上》：

　　我的家在東北松花江上，那裏有森林煤礦，還有那滿山遍野的大豆、高粱。我的家在東北松花江上，那裏有我的同胞，還有那衰老的爹娘。九一八，九一八，從那個悲慘的時候，九一八，九一八，從那個悲慘的時候，脫離了我的家鄉，拋棄那無盡的寶藏，流浪！流浪！整日價在關內，

1933 年在上海出版的《攝影畫報》刊出〈東北義勇軍血戰抗日特刊〉，此為封面。（筆者藏）

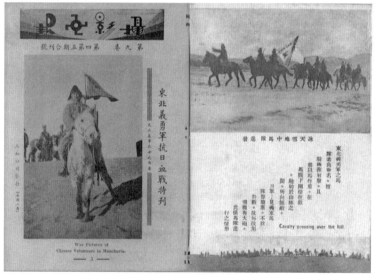

1933 年在上海出版的《攝影畫報》刊出〈東北義勇軍抗日血戰特刊〉，此為內頁。

東北義勇軍抗日血戰史

義勇軍之概況（上篇）

一 九一八瀋陽事變前

東北義勇軍雖組織於九一八事變之後，然其胚胎早種於事變之前。蓋義勇軍之主要成分為二：（一）武器（二）民族意識。中國歷年來內亂頻仍，農村破產。土匪遍地，槍械之流落於民間者。以數量言。遠過於正式軍隊。加以農民視槍械為保障安寧之利器。故保之惟恐不力。此種情形尤以東三省為甚。蓋關外終年受馬賊胡匪之滋擾。故東省之中產階級的農民。均自備自衛武器。據東北各軍代表報告。三省民間所有槍枝總數達二百餘萬。有此普遍之廣大武力。始不致起「有心無力」之嘆矣。

東省土地遼廣。然自十九世紀末葉以來。無日不處於外力壓迫之下。始於俄德而日。其後九一八事變。遂不顧一切。盡量發洩。故雖迄為強俄變迫。帝國主義之侵略。使東省人民咸有切膚之痛。因而反抗意識與民族思想漸次形成。此次九

敵壓迫。愈遭挫敗然民族之敵愾心理。可一時屈服。而斷不能永遠壓制。更為堅決義勇軍之勇氣。故以後日本雖無論如何行使其武力之威懾。然抵抗。換言之。日軍一日不撤。則義軍亦一日不停止

二 義勇軍之成立

九一八夜日軍之一陣槍炮。以平日受民眾供養軍械精利。訓練有素之數十萬國防軍。覺不發一彈。棄國防之重責。一退瀋陽。再棄錦州。舉十數年之軍備儲藏。盡以獻敵。置三千萬民眾於不顧。此時民眾之唯一出路即為自救。此義勇軍之所以成立也。其初為東北民眾抗日救國會。之成立後。乃秘派（甲）有軍事情形人員。（乙）熟習政治人員。分赴各地祕密組織於各村鎮祕伏不動者。謂之「民團」。該聲各方與日人作殊死戰者謂之「自衛軍」。其後又游擊各方與日人作殊死戰者謂之「自衛軍」及「救國軍」之分。然名稱雖有「義勇軍」。「自衛軍」及「救國軍」之分。然名稱雖

— 19 —

〈東北義勇軍抗日血戰史〉講述義勇軍的成立

流浪！哪年，哪月，才能夠回到我那可愛的故鄉？哪年，哪月，才能夠收回我那無盡的寶藏？爹娘啊，爹娘啊！什麼時候才能夠歡聚在一堂？！

國民政府不抵抗，但民眾沒有束手待斃，自發組織義勇軍抗敵。1933年1月出版的《攝影畫報》第九卷第四第五期合刊號的專文〈東北義勇軍抗日血戰史〉，作了這樣的記錄：

以平日受民眾供養器械精利、訓練有素之數十萬國防軍，竟不發一彈，棄國防之重責，一退瀋陽，再棄錦州，舉十數年之軍備儲藏，盡以獻敵，置三千萬民眾於不顧。此時民眾之唯一出路即為自救，此義勇軍之所以成立也。[17]

「九・一八」事變之後，東北民眾要自救，組織起「東北民眾抗日救國會」。其後，更武裝起來，成立「東北義勇軍」。最早打出「東北義勇軍」這面旗幟，有說是黃顯聲參照上述「救國會」之名，亮出「東北民眾抗日義勇軍」的旗號；有說是田樹森首先將抗日組織取名為「東北反日義勇軍」。但最多人認為

---

17 《攝影畫報——東北義軍血戰抗日特刊》第九卷第四第五期合刊號，上海：攝影畫報社出版，1933年1月28日。內收〈東北義勇軍抗日血戰史〉。（筆者藏書）

曾組織東北抗日義勇
軍後援會的朱慶瀾

是朱慶瀾 **18** 於 1931 年 9 月創建的，而且朱慶瀾又於 1932 年 11 月
出任由北平東北民眾抗日救國會與上海遼吉黑熱民眾後援會聯
合成立的「東北抗日義勇軍總司令部」的總司令，直至 1934 年

---

18 朱慶瀾（1874-1942 年），字子橋。原籍浙江省紹興縣。1874 年生
於山東省長清縣。為前清附生。歷任奉天鳳凰、安東、錦州知事。
受趙爾巽賞識。趙入川，隨往，任十七鎮統制。武昌起義後，曾被
推為民軍副都督。旋引退。1912 年，調任黑龍江省督署參謀長。
1914 年任黑省巡按使，為官清廉，備受東北民眾稱頌。1916 年 7
月，南調至廣東任省長。張勳復辟，朱慶瀾首先通電聲討，並協助
孫中山。1922 年，張作霖委任為中東鐵路護路軍總司令，兼東區特
別區行政長官。1925 年卸任，一心致力於社會賑濟事業，曾募集捐
款賑濟魯、豫、陝西等災民。「九‧一八」事變後，組織東北義勇
軍後援會，深得同胞和海外華僑信賴，紛紛捐款。1937 年全面抗日
後，更積極募捐，救濟各地難民。1942 年 1 月 13 日在西安病逝。
（參考自田子渝、劉德軍主編《中國近代軍閥史詞典》及王俯民編
著《民國軍人志》）

2 月，該總司令部解散為止。

又據義勇軍的另一位將領朱霽青說：「武裝民眾，即世人所說的義勇軍，所以東北武裝民眾，即『東北義勇軍』[19]。」

義勇軍的成員一半以上是農民，四分之一是不服從軍令的官兵，另有矢志救國的知識分子，也有省悟反正的土匪山賊。早期的義勇軍，黑龍江省馬占山統率騎兵十餘旅，約二十五萬人，李海青則有二萬餘人；吉林方面丁李（丁超、李杜。丁超於 1933 年 1 月投降日軍）的部隊約有十五萬人，其中馮占海所部，騎兵五旅、步兵四旅、炮兵一團，大刀四千，合約七萬人，王德林所部，也有三萬五千人。遼寧省老北風亦有不下三四萬人。義勇軍抗日一年多，除馬占山嫩江之役、丁李哈爾濱之役和蘇炳文拒敵之役是與日軍正面接戰之外，其餘多為遊擊戰[20]。

義勇軍限於裝備落後、訓練不足，最終無法抵禦武器精良的侵略軍，敗退入山林。如丁李部隊避入密山穆稜附近；馬占山則敗走蘇聯；其餘李海青、馮占海、朱霽青三部，同向熱河邊境撤退。

另一方面，主張抗日的共產黨，支持東北人民打回老家

19 同註 17 引書《攝影畫報》，頁 20。
20 同註 17 引書《攝影畫報》，頁 22、24。

去，其中在部隊內的共產黨員更暗中推動抗日。與此同時，一些共產黨員將各地的義勇軍組織起來，在東北進行遊擊戰，對抗日本侵略軍，打擊偽滿洲國的傀儡政權，直至 1945 年 8 月 15 日日本軍國主義投降為止。

「一·二八」淞滬抗日戰爭

日本發動「九·一八」事變，僅四個多月，便攫取了東北三省。他們的野心更加膨脹起來，先後在天津、青島、漢口、福州、上海等地挑釁，尋找他們的導火線，以作為開戰的藉口。

1932 年 1 月中旬，日本針對上海的抗日運動作出軍事侵略部署，派遣軍艦三十餘艘和陸戰隊數千人，直逼黃浦江，唆使日本居留民集會遊行，搗毀北四川路的一些中國商店，又策動五名所謂日僧和三友實業社工人衝突毆打的事件。日本領事村井蒼松藉此向國民黨上海市政府提出封閉上海各界抗日救國會和《民國日報》等無理要求，限令於四十八小時內（即 1 月 28 日下午 6 時前）答覆，否則有所行動。軟弱的吳鐵城市長竟然屈辱地接受，封閉抗日救國會。此舉是滿足了村井，卻填不平日艦司令鹽澤幸一的慾壑。他於 1 月 28 日晚上發出另一個以護僑為名的通牒，限令我十九路軍立刻退出閘北，讓日軍進駐。鹽澤沒有等中國政府回應，就於午夜 11 時，下令日本海軍陸戰

1932 年 1 月 28 日，日軍進犯淞滬、閘北，爆發「一‧二八」事變。

隊向我閘北駐軍突擊。十九路軍在蔣光鼐總指揮和蔡廷鍇軍長的指揮下，向日軍還擊，淞滬抗戰爆發[21]。

其實，國民黨的官兵也有敢於犧牲的愛國志士。面對日軍恃強來犯，蔣光鼐和蔡廷鍇不顧蔣介石的不抵抗命令，率領十九路軍迎敵。蔣光鼐勉勵戰士要有李廣的射虎精神。而蔡廷鍇更豪壯地說：「我們的決心在哪裏就死在哪裏[22]！」

十九路軍奮勇抗敵，死守閘北一星期，多次將敵人擊退。2月4日，敵軍發動總攻，激戰九小時，結果我十九路軍將敵人的總攻擊潰。曾揚言只需四小時就可以拿下上海的艦隊司令鹽澤幸一，被免職調回日本。消息傳出，全國振奮，遊行支持十九路軍，海外華僑更匯款和寄送物資。中國共產黨在上海的地下組織通過工會、學生會及其他社團，推動支前運動，組成義勇軍敢死隊、情報隊、救護隊和運輸隊，協同十九路軍作戰。

淞滬抗日戰爭激戰一個多月，至3月5日，國際聯盟開會決定，要中日雙方停戰。蔣光鼐和蔡廷鍇在回憶撤軍時，痛心地說：「我軍苦戰月餘，官兵日夜不得休息，後援不繼，休

21 參考自趙杰主編、李興泰副主編《血肉長城 —— 義勇軍抗日鬥爭實錄》，瀋陽：遼寧人民出版社，2001年。內收蔣光鼐、蔡廷鍇、戴戟合撰〈十九路軍淞滬抗戰回憶〉，頁1134、1135；又顧高地撰〈「一·二八」淞滬抗日戰役回憶〉，頁1149。

22 同註21引書顧高地〈「一·二八」淞滬抗日戰役回憶〉，頁1151、1152。

十九路軍在廟行奮勇作戰

整無暇，但士氣始終旺盛。當退守時，無不義憤填膺，聲淚俱下[23]。」

但在談判桌上國民政府總是軟弱無能。5 月 5 日，簽訂了喪權的《上海停戰協定》，規定：日軍可長期停駐在吳淞、閘北、江灣等地。

十九路軍英勇作戰，以劣勢裝備狠狠地打擊了擁有海陸空現代化裝備的侵略軍，迫使日方四易主帥，傷亡慘重，在抗日戰爭史上寫下光輝篇章！

喚起民族魂的才子田漢

二十世紀三十年代的大上海，列強環伺，各自霸地劃分租界，十里洋場成為冒險家的樂園，紙醉金迷，夜夜笙歌。另一邊廂，底層的勞苦大眾擠住在石庫門[24]，甚至棲身在用竹架草篷

---

23 同註 21 引書，蔣光鼐、蔡廷鍇、戴戟合撰〈十九路軍淞滬抗戰回憶〉，頁 1142。

24 上海一種中西合璧的住宅建築，其特色是用粗大的條石做門框，故稱「石庫門」。初期是一門一戶，後來江浙一帶的人陸續移住上海，石庫門間房出租，轉變為一門多戶，甚至有七十二家房客的出現。

1930 年代的上海外灘

1930 年代的上海南京路

搭蓋成的棚戶。而「包身工」[25] 更如奴隸般失去自由，過著極其黑暗苦困的生活。

當年的上海與日本的東京齊名，合稱為東方兩大都會。上海的光芒無疑蓋過首都南京和舊都北平，就以文化藝術來說，也是絢爛多彩，如方興未艾的電影與電影製作、話劇和歌舞，日場接夜場的演出，盛況空前。出版業就更加蓬勃開展，商務印書館和中華書局是一時瑜亮，還有世界書局等。一時間，文人薈萃，又是著述、又是編纂，競出雜誌，印行叢書。

文化界有感於貧富懸殊，勞工被剝削，為生活掙扎求存，而日本又大舉侵華，民族危亡，遂有反壓迫、反內戰、支持抗日的呼聲。中國共產黨上海文委便組織起這些文藝界的進步人士，成立「左翼作家聯盟」。其中的一位健將，就是田漢。

1898 年 3 月 12 日，幼名壽昌的田漢，誕生在湖南長沙縣田家墩茅坪的一家農戶。兄弟三人，田漢是長子。九歲那年，父親病亡，母親易克勤堅不改嫁，含辛茹苦撫育三子。

田漢性聰穎，好習文，但因家貧曾輟學，幸得鄉戚、老師幫忙，才能在鄉間唸了幾年書，然後在 1912 年考入長沙師範

---

25 工人和廠方簽訂的勞工合約，規定工人不領取工資，沒有休息日，不可以擅離工廠，甚至不准親屬來探視，條件之苛刻如同賣身，上海稱之為「包身工」。這樣的「包身工」多為童工。

田漢，1927 年 6 月攝於日本。

學校，受教於徐特立 [26]。十八歲畢業，正巧舅舅易象（1881-1920年，又名梅臣、梅園。1913 年參加孫中山的討袁二次革命，失敗後避往日本。在東京加入中華革命黨，並考入東京法政專門學校學習，1915 年冬返國，繼續參加倒袁運動。1916 年，袁世凱猝死。易象被委為湖南留日學生經理處經理員）回到長沙，揀選優秀學生赴日留學。田漢深受校長徐特立的賞識，易象聽到徐特立對外甥有這樣高的評價，便決定送田漢去日本深造。

田漢就讀於東京高等師範學校，選修英文專業。為了不辜負母親和舅舅的期望，他刻苦學習，又留心時事，注意國際動態。1917 年 3 月，他讀到俄國爆發二月革命的消息，便撰寫了一篇六千多字的論文，題為〈俄國今次之革命與貧富問題〉，寄給舅父，當時易象和李大釗、林伯渠合組了「神州學會」，由李大釗任評議長。易象把田漢的文章推薦給李大釗。李大釗讀後，十分讚賞，即安排在《神州學叢》創刊號上發表，並致函

---

26 徐特立（1877-1968 年），湖南長沙人。在長沙速成師範班畢業。1910 年赴日考察教育，其後創辦長沙師範學校，並任校長，又兼任湖南省立第一師範教師。這期間毛澤東在省立第一師範肄業。1919年徐特立參加留法勤工儉學，回國後，創辦長沙女子師範學校。1927 年加入中國共產黨，同年參加「八一」南昌起義。其後，赴莫斯科中山大學學習。1930 年回國，任臨時中央政府教育人民委員。1934 年參加長征，到延安後，任教育委員會主任。解放後，除當選為中共中央委員和人大常委外，一直熱心教育工作。終其一生，為教育事業作出傑出貢獻。

田漢，表示支持和鼓勵 [27]。

田漢雖然身在國外，但仍然時刻惦念著家國。當「五四」運動爆發，他既參加中國留日學生圍攻中國駐日公使館的鬥爭，又撰文呼喚「科學與民主」。為探求救國之道，田漢讀了不少新的理論著作，接觸了各種新思潮（包括社會主義思潮）[28]，為後來書寫不平、呼喚民族的工作，打下了堅實的理論基礎。

1919 年暑假，田漢回國探親，除了看望恩重如山的母親和舅舅外，便是那流掉多少相思淚的表妹易漱瑜。她是易象的掌上珠，田漢與她青梅竹馬，一起長大，早已互傾情愫。三年前，易漱瑜湘江泣別，依依不捨地向表哥田漢相約：「待我畢業後，在日本相見。」

事情就如電影和小說中的那樣，易漱瑜的母親嫌棄田家太窮，不想將女兒許配給外甥，私下和當地一門大鄉紳議定婚嫁。剛好田漢歸來，驚聞此變，而易漱瑜才從悶葫蘆中得悉其事。二人急如熱鍋上的螞蟻。幸有表舅蔣壽世提出「逃婚」，奔赴上海，懇求易象成全好事。於是田漢便拜辭母親，挽著表妹漱瑜，趁中秋前的迎月夜，登上輪船，北上上海，來到易象跟前，說出「逃婚」經過。易象獨具慧眼，早悉田漢有驚世之才，

---

27 參見田申著《我的父親田漢》，瀋陽：遼寧人民出版社，2011 年 5 月，頁 58。
28 同上註引書，頁 58。

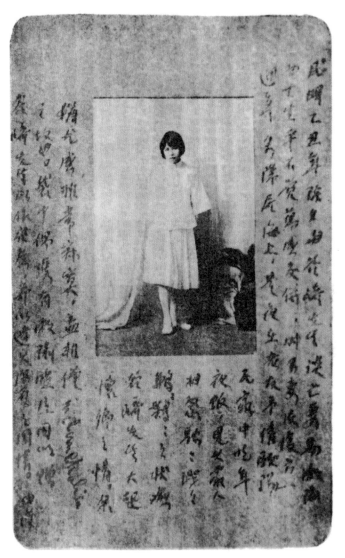

逃婚嫁給田漢的易漱瑜，又是田漢的表妹，並一同到日本留學。

所以一直栽培他、疼愛他。既然二人相愛戀，便將外甥納為賢婿，把愛女託付給他。易象更解囊贈款，送他們早日登舟往東京，以防「追兵」趕至。

兩人在日本一同學習，互相砥礪。其間，生活上雖有一些磨擦，但很快就冰釋，過著仙侶般的生活，羨煞多情的郁達夫和成仿吾等人。

田漢和郭沫若的訂交，是通過宗白華[29]的介紹。1919年，宗白華在上海入讀同濟大學預科，並為《時事新聞》編輯副刊〈學燈〉。田漢回國探親，來回都途經上海，因而結識了宗白華。大家都有共同的話題──詩歌和中國新文化，所以非常投緣。田漢返日後，宗白華將所編的〈學燈〉寄到東京，其中有郭沫若發表的長詩〈鳳凰涅槃〉。宗白華又分別去信將他們二人相互介紹。田漢讀了郭沫若的長詩，大為讚賞，即致函郭沫若，嘆著「相知恨晚」，馬上就要「訂交」。1920年3月，田漢由東京南下，經過三天旅程，來到在福岡學醫的郭沫若家，談文論藝，大興文酒之會，同遊博多灣，結為兄弟之交。又在太

---

29 宗白華（1897-1986年），江蘇常熟人。中國美學家、詩人。畢業於上海同濟大學，1920年赴德國研習哲學、美學。回國後，歷任南京大學、北京大學教授。一生從事中西美學比較和研究。著有《美學散步》、《美學與意境》、《藝境》和《流雲小詩》等。

在上海文藝界甚為活躍的田漢（1931 年）

宰府前，模仿歌德與席勒銅像的姿勢，拍照留念，頗有「書生意氣、風華正茂」之概。

1920 年 5 月，郭沫若、田漢、宗白華三人的二十封通信合編為《三葉集》，由上海亞東圖書館出版。這本合集，既是三人訂交的誌物，也是新文藝透出的幾片新葉，到後來，他們都能長成參天大樹。

1921 年 1 月，田漢和漱瑜接到震撼的噩耗：1920 年 12 月 25 日，易象在長沙被軍閥趙恒惕殺害。這對他們是一個巨大的打擊：易漱瑜痛失至愛的慈父；田漢在血緣上失去舅父，在俗禮上失去岳父，在情義上失去如同再生的父親，其悲痛真的不知道有多少重，淚有多少行？

沒有了易象的經濟支持，田漢和易漱瑜在東京苦撐了一年多，便結束留學生涯，於 1922 年 9 月返回上海。

經朋友介紹，田漢很快就找到了工作，在中華書局任文學部編輯。1923 年，長子田申（又名海男）出生。為爭取更多的創作自由，田漢和妻子易漱瑜一起創辦了《南國半月刊》雜誌。夫婦二人又是編輯、又是翻譯，還創作小說，跑印刷所和郵寄雜誌。到後來，還是因為面臨出版人經費拮据的老問題，雜誌勉強出到第四期，便告停刊。

本來身體虛弱的易漱瑜，因勞累而病倒，延至 1925 年 1 月 14 日病逝。田漢悲慟萬分，寫了多首悼亡和回憶愛妻的詩。其

中有句：

兩聞危篤殊難信，細雨寒風奔到門；
掀帳挑燈看瘦骨，含悲忍淚囑遺言。

又有憶愛妻：

歷盡艱辛願尚垂，雙雙忍見舊時鞋；
隨探滄海無邊月，踏遍櫻花第幾街。
南通旅況不可憶，西子遊蹤難去懷；
待到一身人事盡，猖狂乞食到天涯。

幸好田漢沒有在悲傷苦海中迷失、頹唐，因為岳父、舅舅
易象和愛妻漱瑜都對他有很大的期望，他要重新振作，激昂地
喊出：

父葬楓林女楓子，兩山楓葉一般紅；
深情此日埋黃土，浩氣當年貫白虹。
自有心肝嘔純愛，可無血淚泣孤忠；
從今十載磨詞筆，文字當為舉世雄。

重新振作的田漢，應聘為上海藝術大學的文學科主任。1927年秋，因校長周勤豪避債出走，群龍無首之下，田漢經全校師生投票選為校長。在田漢的帶領下，學校的文藝戲劇搞得極為活躍，更於12月18日至24日在藝大舉行公演。首演中有田漢編寫的《名優之死》、《蘇州夜話》、《江村小景》、《生之意志》和歐陽予倩新編的京劇《潘金蓮》，來賓有郁達夫、孫師毅、周信芳、高百歲、葉淺予、周瘦鵑以及日本友人等。演出頗為成功，受到社會關注。

　　後來，原校長周勤豪回來爭位，田漢辭職，學生亦跟隨脫離上海藝大。

　　1927年底，田漢聯同歐陽予倩、徐悲鴻在上海霞飛路的徐宅，經過深入的討論，決定成立「南國社」。翌年刊出《南國藝術學院創立宣言》廣告招生。2月24日，南國藝術學院開課，雖然只開辦三科，但講師陣容可以用「驚嘆」二字來形容：文學科由田漢、郁達夫、徐志摩來指導；繪畫科由徐悲鴻主持；戲劇科由歐陽予倩、洪深、趙太侔等講授。田漢兼任學院院長，統攬大小事務。但他決不「依草附木」，所以資金極為緊絀。徐悲鴻、郁達夫、歐陽予倩、洪深等都是義務兼職，不能長久。最後亦逃不過關門的命運。但曾在學院修讀的陳白塵、金焰、鄭君里、陳凝秋（塞克）、左明、趙銘彝、張曙、吳作

人、王素等，後來都成為藝術界享負盛名的人物 [30]。

田漢的才華和領導能力，已受到中國共產黨上海文委的注視，更派出文委書記陽翰笙接近和影響田漢，地下黨員安娥（1905-1976 年，後來成為田漢的第四任妻子，一直守在田漢身邊。她也是歌詞和詩歌創作的高手，電影《漁光曲》的主題歌，就是由她作詞，膾炙人口，流行至今），也來穿針引線。

1932 年，田漢加入共產黨。從此，他的藝術風格有了很大的轉變，連續創作了很多描寫貧苦大眾受壓迫的話劇，揭露社會的黑暗，激勵女性掙脫封建枷鎖，呼籲年青人認清愛國方向，如話劇《亂鐘》、《暴風雨中七個女性》。他又帶領「左翼劇聯」為東北義勇軍募捐公演，聯合三十多個劇團，在「新世界」的一個劇場連續演出一個多月 [31]。

上海文委主導了上海的話劇之後，接著又力圖爭奪電影陣地。在中共中央文化工作委員會的領導下，安排由夏衍和阿英（1900-1977 年，原名錢杏邨，作家、文學史家）等組成電影小組，由夏衍出任組長。

夏衍（1900-1995 年），原名沈乃熙，字端軒，號端先，浙江杭縣人。早年參加「五四」運動，曾留學日本，畢業於明治

---

30 同註 27 引書《我的父親田漢》，頁 199-201。

31 同註 27 引書《我的父親田漢》，頁 231。

專門學校電機科。1927 年加入中國共產黨，任左聯常委。1933
年任中共上海文委成員，兼任電影組組長，直接領導田漢、陽
翰笙、聶耳等人。他同時是一位出色的劇作家。

　　夏衍率領電影小組開展輸送幹部的工作，將許多新文藝工
作者介紹到各個影片公司中去。他又支持田漢利用幫會頭目嚴
春堂的資本，開辦「藝華影業公司」。後來，田漢為「藝華」編
導了抗日電影《民族生存》，由大力士查瑞龍、彭飛為主演，鼓
舞了人民的抗日激情。

　　經過電影小組的輸送幹部，逐漸取得了「明星」、「聯
華」、「藝華」[32] 等影片公司的編導權，因而夏衍編劇的《狂流》
和陽翰笙編劇的《鐵板紅淚錄》先後得到上映，為進步電影取
得了優勢。敵對的反動派當然暴跳如雷，組織起「電影界鏟共
同志會」，而且聲言要捉拿田漢。

---

[32] 「明星」，全名為「明星影片公司」，1922 年成立於上海，早期拍攝
　　有《孤兒救祖記》、《空谷蘭》、《火燒紅蓮寺》和《啼笑姻緣》等，
　　亦有頗具社會意義的《姊妹花》。左翼文化工作者加入後，先後拍
　　攝了反帝反封建的影片如《狂流》、《鐵板紅淚錄》、《生死同心》、
　　《十字街頭》和《馬路天使》等，抗日戰爭爆發後停辦。「聯華」，
　　全名為「聯華影業公司」，1930 年成立。早期拍攝了一些言情故事
　　片，左翼電影工作者加入後，拍攝了一批如《都會的早晨》、《漁光
　　曲》、《大路》和《新女性》等優秀電影。抗日戰爭前夕停辦。「藝
　　華」，全名為「藝華影業公司」，1933 年在上海成立，曾拍攝過《民
　　族生存》等進步電影。1934 年遭國民黨特務搗毀。1942 年併入敵偽
　　的「中華聯合製片股份有限公司」。(參考自《辭海・藝術分冊》)

田漢當然沒有被嚇倒，電影小組更加大力度，建立電通影業公司，並於 1934 年開拍《桃李劫》（袁牧之、應雲衛編劇，應雲衛導演，袁牧之、陳波兒主演），翌年又拍攝了《風雲兒女》，描寫當年的社會現實和宣傳抗日救亡運動。這兩部電影的主題歌《畢業歌》和《義勇軍進行曲》都是由田漢作詞、聶耳譜曲的，風靡了全國，成為不朽名作。後來，《義勇軍進行曲》更成為今天的國歌，下面會作詳細介紹。這裏先來欣賞一下《畢業歌》那動人的歌詞：

同學們，大家起來，

擔負起天下的興亡！

聽吧，

滿耳是大眾的嗟傷！

看吧，

一年年國土的淪喪！

我們是要選擇「戰」還是「降」？

我們要做主人去拚死在疆場，

我們不願作奴隸而青雲直上！

我們今天是桃李芬芳，

明天是社會的棟樑；

我們今天是弦歌在一堂，

明天要掀起民族自救的巨浪！

巨浪！巨浪！

不斷地增長！

同學們！同學們！

快拿出力量，

擔負起天下的興亡！

人民的音樂家聶耳

1912 年 2 月 15 日，聶耳在雲南昆明誕生。

父親聶鴻儀，本玉溪縣人，是一位頗有名的中醫師，後來舉家遷至昆明甬道街，繼續行醫。初娶王氏，生一男一女。王氏早喪，續絃傣族女彭寂寬，生子女四人，依次為：女蕙茹、次子守城（子明）、三子守先（敘倫），聶耳為幼子，乳名嘉祥，後改名守信。

聶耳四歲那年，父親患肺結核病逝，家庭重擔，落在母親彭寂寬肩上。彭寂寬曾隨丈夫習中醫，頗有心得。為了生計，報考鑑別中醫試，取得合格，獲准行醫。然而食指浩繁，診金收入有限，彭寂寬在晚上還要幹一些針線活，以幫補家計。儘管生活貧困，一家人卻樂也融融。

1923 年聶耳（右）與母親和兩位兄長的合影

聶耳天資聰慧，尤善於模仿，鳥聲、豬聲、貓聲、狗聲，叫來絕似，常逗得家人開心；又能模仿別人的動作或走路姿態，令親友絕倒，所以很受家人疼愛。

聶耳六歲入學，就讀於昆明縣立師範學校附屬小學，後轉求實小學唸高小。初中則考進聯合中學，畢業時成績優異。其後考入省立第一師範高級部外國語組，主修英文，1930 年 7 月畢業[33]。

聶耳自小喜愛戲劇與音樂，早受雲南地方戲曲和民間音樂藝術薰陶。他曾向鄰居木工師傅學會了吹笛子；又在學校老師的指點下學會拉二胡、彈三弦、吹口琴等；後來跟法籍英文老師柏希文學習樂理，而這位老師又是有名的鋼琴家，因而又學會了彈鋼琴[34]。同好相投，他又結識了省師附小的音樂教員張庾侯，遂借用張的小提琴來練習。小小年紀，聶耳已能演奏多種樂器，因而常常參加學校舉辦的音樂會和話劇的演出。

國家紛亂，內戰連綿，外強侵略，民族危亡，使早熟的聶耳，興起愛國之情。他通過閱讀《東方雜誌》、《環球旬刊》、《創造月刊》等刊物，增廣了知識；又讀到魯迅的《吶喊》、《彷徨》等文章，受到革命思想的啟發和教育。同時，他又受到《國

---

33 參考自聶耳的三哥聶敘倫（守先）為王懿之著《聶耳傳》所作的序言，上海：上海音樂出版社，1992 年。

34 同上註。

1924 年聶耳參加求實小學學生音樂團，前左一是聶耳。

1930 年聶耳（前坐者）與雲南省立第一師範附小的教員張庚侯合影

際歌》、《打倒列強》等充滿革命激情的歌曲所鼓舞，萌生起追求共產主義的思想。1928 年秋，聶耳加入中國共產主義青年團。他在地下黨的領導下，積極參加了反對帝國主義侵略、打倒屠殺雲南學生的國民黨軍閥官僚統治的革命鬥爭活動 [35]。

1929 年 7 月 11 日，昆明市北街江南會館火藥庫發生大爆炸，死傷數千人。中共雲南地下黨在「濟難會」的掩護下，一面救濟災民，一面進行革命鬥爭。聶耳參加了學生組織的「七・一一青年救濟團」，竭力救濟災民和迎救被關押在監牢內的革命同志和進步人士。反動政府對「七・一一青年救濟團」非常痛恨，施加種種壓力，迫使「救濟團」解散。另一方面，由於叛徒的出賣，國民黨反動派對聶耳加緊監視，待時機成熟，馬上就要來逮捕 [36]。

聶耳三哥聶敘倫在回憶文中說：「我的一位好友李同文跑來告訴我，在他父親的辦公桌上，偷看到一份逮捕名單，上面有聶守信（即聶耳）的名字。要我迅速讓聶耳離開昆明。李同文的父親是當時昆明地方法院的院長，參與了密謀逮捕的工作 [37]。」

---

35 同註 33。
36 同註 33。
37 同註 33。

聶家上下聞訊，大為驚惶，尤以聶母彭寂寬，最疼愛這既聰明又孝順的幼子。但情勢危急，只有遠離雲南省才會安全。剛巧聶敘倫的公司要在上海設立「雲豐申莊」，擬調派他前去。聶敘倫以侍奉家母為由，請公司同意由其弟聶耳替補。最後公司允准，聶耳火速出發「赴任」。這樣既可遠離險地，又省卻自籌旅費，亦可免去到滬後的工作生計問題，可謂一舉三得。1930 年 7 月 10 日，十九歲的聶耳，拜辭母親、兄妹，離開昆明[38]。此去，改變了他的人生；再回來，只剩得一罌骨灰，但名字永垂，得享永生！

聶耳抵滬後，進入採辦紙煙的雲豐申莊，工資微薄。雖包食宿，但同事聲喧，麻將吵鬧，令人生厭。聶耳盡量想辦法去克服，工餘自修英語和日語，有空便閱讀一些革命文藝理論的書。兩個月後，他就參加了共產黨領導的「上海反帝大同盟」。

1931 年 2 月，聶耳因成功代昆明友人廖伯民、張庾侯租得電影片子，提供給昆明的電影院放映，獲得酬金一百元。他將五十元匯給母親，剩下的五十元買了一把他夢寐以求的小提琴[39]。雖然不是很好的琴，但已夠聶耳用來苦練。

1931 年 3 月，雲豐申莊因漏稅被揭發而倒閉。失業的聶耳

---

38 同註 33。

39 參見王懿之著《聶耳傳》，上海：上海音樂出版社，1992 年，頁123。

1930 年聶耳抵達上海不久後攝

幸運地看到了黎錦暉[40]主持的「明月歌劇社」（簡稱「明月社」）
招聘小提琴師的廣告。聶耳馬上報名，經過嚴格的初試和錄
用試，終以出色的演奏贏得了合約。從此，聶耳成為正職音樂
人，開展他那不平凡的人生路。

當時，「明月社」正與聯華影業公司合作辦起歌舞學校來。
這裏彙集了許多能歌善舞的青年演員和具潛質的演奏員，主要
有：黎莉莉、黎錦光、王人美、黎健明（于立群）、王人藝、陳
情、于知樂、白虹、張少甫、嚴華、嚴勵、胡笳等四十餘人[41]。
聶耳和大夥兒很合得來，原因是聶耳勤奮好學，既助人，又
喜歡模仿別人的小動作，逗得大家開懷大笑，成為眾人的「開
心果」。

---

40 黎錦暉（1891-1967年），湖南湘潭人。1916年起，參加北京大學
音樂團的活動，研究民族音樂，有志推廣國語，受「五四」新文化
運動影響，創作過很多愛國、進步的歌曲，如紀念孫中山的《總理
紀念歌》。北伐開始，又創作了《同志革命歌》、《歡迎革命軍》、
《解放歌》等。另外創作了許多優美的流行歌和兒童歌舞音樂。代
表作有《小小畫家》，另有具民族特色的《可憐的秋香》。1929年
創辦「明月歌劇社」。後來，為了票房收入，編演了一些流行歌舞
音樂，如《毛毛雨》、《桃花江》、《特別快車》等。聶耳曾撰文批
評。但半個多世紀之後，再來檢視《毛毛雨》、《桃花江》，已作出
較為公允的評價。2001年9月，由文化部牽頭在北京召開紀念黎錦
暉誕辰一百一十周年暨音樂創作學術研討會，全面評價和肯定黎錦
暉是中國新文化開拓者之一，也是現代流行音樂的奠基人。

41 同註39引書《聶耳傳》，頁138。

聶耳與「明月歌劇社」女演員合影。前排自左至右：王人美、于知樂、胡笳。

聶耳愛好音樂，老天爺很眷顧他，不但讓他有一雙十分靈敏的耳朵，還天生出類似「特異功能」：兩隻耳朵可以按聶耳的意志作上下前後擺動，並作出很多滑稽的動作來，常常引得大家哄堂大笑。好開玩笑的年青人，便不喊他的名字「聶紫藝」（聶耳報考時用的名字），反叫他「耳朵」。有一天，聯華影業公司開同樂會，歌舞班推聶耳代表演出，節目名是《聶耳博士演講》，這是「聶耳」這個名字的第一次登場。聶耳一口氣表演了模仿三十六行工作的神態，令大家笑破肚皮。會後，聯華總經理送他兩件禮物，上款都稱他為「聶耳博士」。聶耳幽默地對同鄉鄭雨笙說：「他們硬要把一隻耳朵送我，也好也好，你看，四隻耳朵連成一串不是像一個炮筒嗎[42]？」自此以後，四隻耳朵——「聶耳」之名，便隨著動人的音韻飄颺開來。

　　聶耳的表演才華令人眼前一亮，他後來再被推薦參加「同樂遊藝會」。這個遊藝會，有許多藝術家上台表演，其中有著名的粵劇演員兼電影演員紫羅蘭，她表演的粵劇大受歡迎。輪到聶耳登台，他竟然用英語、日語、法語來做開場白，然後分別用上海話、廣東話（是夜廣東賓客甚多）翻譯一遍，教大家耳目一新。接著他又學動物的叫聲，最後是模仿剛才紫羅蘭的

---

42 參見王懿之著《聶耳傳》中轉引王人藝的〈聶耳學琴〉，頁138，以及轉引鄭易里（雨笙）的〈黑天使時代的聶耳〉，頁142-143。

1932 年 7 月，聶耳與電影、音樂界友人到上海高橋海濱浴場游泳的合照。前排左起：黎錦光、周克、聶耳、黎莉莉、陳燕燕、史文華、華旦妮、殷明珠。後排左起：蔡楚生、史東山、王人美、孫瑜、黃邵芬。

風姿來跳舞。他的諧趣演出，令來賓報以雷鳴般的掌聲，歡呼叫好聲更是一浪接一浪 [43]。

當然，聶耳還是更多用心於樂器演奏方面。最初，他是跟樂隊的首席小提琴師王人藝學習的。後來，王人藝介紹他的老師奧地利提琴家普魯什卡與聶耳，但是學費非常昂貴。聶耳為了提高琴藝，不惜典當衣物來交學費，其追求之決心，可以想見。與此同時，他又掌握了演奏京胡、廣胡、一板胡、椰胡、四胡、低音大胡琴等樂器。而對古典的國際音樂和流行音樂，他都用心地研究和分析。

醉心音樂的聶耳，對作曲開始躍躍欲試。1932 年 1 月初，他嘗試作曲，其中有兩首口琴曲只用了一個多小時便寫成。

聶耳在「明月社」十分活躍，也頗受重用。但「九‧一八」事變之後，上海隨即爆發了「一‧二八」淞滬抗日戰爭。熱血青年聶耳，支持十九路軍抗日，約同金焰、王人美等前赴閘北前線，看到十九路軍英勇抗戰，大為感動。聶耳回程途中，激昂地說：「我們應該有抗戰的音樂，革命的音樂 [44]！」

國難當前，須要抗日救亡。中共上海地下黨的「文委」，提出在文藝界發展黨員，壯大左派力量，俾能開展工作。首批

---

43 同註 39 引書《聶耳傳》，頁 143-144。

44 同註 39 引書《聶耳傳》，頁 151。作者王懿之表示這段記載是他於 1986 年 10 月 18 日在北京電影製片廠訪問王人美的筆錄。

計劃要聯繫的苗子，聶耳就在其中。

1932 年 4 月 22 日，聶耳經由左翼電影工作者周伯勳在前一天的安排，與中共上海文委、左翼戲劇家聯盟負責人田漢見面。田漢聽取了聶耳「到上海前後的不平凡的奮鬥經歷，談到他的一些政治見解和藝術見解」[45]。

隨著形勢的發展，聶耳愈來愈不滿黎錦暉帶領的「明月社」，為迎合小市民的低級趣味，排演色情庸俗的歌舞，既荒唐又淺薄無聊。聶耳參加影評小組和左翼戲劇家聯盟的工作後，以「黑天使」等筆名，在報刊雜誌上先後發表了〈下流〉、〈十九路軍一兵士〉和〈黎錦暉的《芭蕉葉上詩》〉等評論文章，尖銳批評黎錦暉在民族存亡的危急關頭，仍然鼓吹「為歌舞而歌舞」的錯誤主張，演出那些麻醉青年的香艷肉感歌舞。提出「我們所需要的不是軟豆腐，而是真刀真槍的硬功夫！」

當年日本佔據東北三省後，繼續步步進逼，伺機揮軍南下。聶耳焦急萬分，時刻不忘音樂救國，希望以音樂來鼓舞國民抗禦日寇，所以對黎錦暉作出嚴厲批評，斥為「黃色音樂」。

當黎錦暉等人知道「黑天使」就是聶耳，自然引起軒然大波，決裂在所難免。8 月 6 日，聶耳離開「明月社」。

---

45 同註 39 引書《聶耳傳》，頁 185。作者王懿之轉引田漢的〈聶耳勝利的道路〉，收錄在《聶耳專輯（三）》內。

上海劇聯很快就安排聶耳往北平學習。聶耳於 1932 年 8 月 7 日乘船離開上海，11 日抵達舊都北平。9 月 13 日，聶耳報考藝術學院，主要是筆試，考的是國民黨黨義以及國文和數學。滿以為答得不錯的聶耳，竟然落第，可以說是逢考必中的他，自然失落了好幾天。後經友人介紹，他跟俄國著名小提琴師托諾夫學習。托諾夫從指法到拉弓的細微動作，一一給聶耳指正[46]。經過苦練，聶耳的琴藝更加大進。

　　從一開始，上海劇聯已去函介紹聶耳，讓他參加北平左翼戲劇家聯盟和音樂家聯盟的排練與演出。如在話劇《血衣》，他扮演了老工人，不僅感動了觀眾，自己也掉了淚。當晚還有另一個話劇，因時間不夠未能演出，臨時改由聶耳演奏他創作的一些新曲，獲得不少掌聲。

　　聶耳也感受到支援東北抗日活動的氣氛，並出席了「九·一八」事變一周年的紀念活動。這裏順便談一談，有一說法是聶耳曾隨「北平抗日救國會」去到熱河勞軍，回憶起這段往事的是當年義勇軍的騎兵隊成員劉鳳梧。他在 1979 年寫給遼寧省黑山縣黨史辦公室的〈回憶黑山抗日義勇軍〉一文中提到：

---

46 參見《聶耳全集》，北京：文化藝術出版社、人民音樂出版社，1985 年，下卷〈日記〉，頁 466。

這年冬天，快過陽曆年的時候高朋（鵬）帶來北平抗日救國會的消息，讓我們遼西的義勇軍到熱河去接收各地愛國人民捐贈的武器裝備和慰問品 …… 我們這些人都是騎兵。1933 年 2 月，遼南的王全一、顧靠天的抗日騎兵團也來到熱河。聶耳等一些愛國知識分子來到熱河，他們一面慰勞部隊，一面做抗日宣傳工作。他們拍的電影《長城抗戰》記錄了不少我們這些騎兵部隊的活動情況。[47]

劉鳳梧這篇回憶文章，二十二年後被收入《血肉長城 —— 義勇軍抗日鬥爭實錄》。縱觀全文，僅有一處談及「聶耳」，其他就沒有出現過了。那麼聶耳前往熱河勞軍之說是真有其事嗎？

多年之後，劉鳳梧的兒子劉生林，在 2014 年春撰寫了〈《義勇軍進行曲》發祥地之研究〉，交香港《春秋》雜誌於是年第一季號發表。文內談到他為父親劉鳳梧抄寫回憶錄時，劉鳳梧曾告訴他：

1933 年 2 月熱河抗戰期間，高鵬陪同後援會慰問團的人

---

47 同註 21 引書《血肉長城 —— 義勇軍抗日鬥爭實錄》，內收劉鳳梧撰〈回憶黑山抗日義勇軍〉，頁 313。

慰問，採訪我們義勇軍官兵時我正在指揮部隊唱《義勇軍誓詞歌》。慰問團裏的聶耳聽到歌聲，來到我們跟前，高鵬向我介紹了聶耳等人。聶耳是南方人，他問我們唱的是啥子歌，我聽成是「傻子歌」。我告訴聶耳，我們唱的不是「傻子歌」，是《義勇軍誓詞歌》，因為聽不懂南方話，還鬧了笑話。當年高鵬是東北大學的學生，是北平東北民眾抗日救國會軍事部的聯絡副官，跟隨朱慶瀾從上海和北平到熱河慰問的青年知識分子到承德後，都是由他負責聯絡召集的，聶耳等人他都認識，我是通過高鵬的介紹認識聶耳的。[48]

劉生林為證明聶耳曾遠赴熱河勞軍，舉出原東北抗日義勇軍第二軍團軍團長王化一和副軍團長李純華分別撰寫的回憶文。但筆者查閱了李純華寫的〈東北義勇軍第二軍團概述〉和〈跨海運械的回憶〉，並未見「聶耳」的名字，至於王化一寫的〈日軍侵熱期間熱河紀行〉，有相同的高鵬名字，但始終不見「聶耳」名。而杜重遠所寫的〈前線歸來〉，也沒有「聶耳的蹤影」。而劉生林則再舉出紀錄片《熱河血淚史》，指片中騎白馬的人就是他的父親劉鳳梧，並接著就認定：「攝影師和聶耳一起

---

48 參見《春秋》雜誌，香港：春秋出版社，2014 年 1-3 月號第一季，內收劉生林撰〈《義勇軍進行曲》發祥地之研究〉，頁 30。

到熱河拍攝戰地紀錄片，確有其事。」

　　聶耳勞軍之說，筆者僅見於劉鳳梧、劉生林父子所記。一向有寫日記習慣的聶耳，日記上並沒有勞軍的記載。據劉氏父子文章的記述，聶耳勞軍是在 1933 年 2 月。這段日子，正是聶耳宣誓加入中國共產黨的重要時刻（詳後），日期已經存疑，所以聶耳曾勞軍之事，這裏暫不採錄，有待日後挖掘更多資料再作論證。

　　其實，聶耳在北平是感受到義勇軍抗日的濃烈氣氛的，甚至可能取得一些抗日的歌謠，助他日後創作《義勇軍進行曲》之用。至於劉生林文中說到他的父親指揮部隊唱《義勇軍誓詞歌》，聶耳探問是「啥子歌」？竟被認成「傻子歌」，似在說聶耳講的南方口音難以聽得懂。但聶耳是人所周知甚有語言天才的表達者，劉生林為加強當年真有其事的對話，似乎弄巧成拙！至於那《義勇軍誓詞歌》的歌詞是這樣的：

　　起來！起來！不願當亡國奴的人！

　　家園毀，山河破碎，民族危亡！

　　留著頭顱有何用？拿起刀槍向前衝！

　　冒著敵人槍林彈雨向前衝！

　　攜起手，肩並肩。

　　豁出命，向前衝！用我們身體築起長城！

前進啊！前進！前進！豁出命來向前衝！

前進啊！前進！向前進！殺！殺！殺！

這首源於錦州黑山縣的《義勇軍誓詞歌》，據說對田漢撰寫《義勇軍進行曲》歌詞起到參考作用，還說成是聶耳帶回去的。然而，有關這些揣測，仍然需要有更多的史料和認證才能作實。

回頭再說聶耳，他在舊都無法找到工作，生活很成問題，小提琴的學費也付不出，寒冬已至，幾件單衣捱不過寒冬。苦不堪言的聶耳，惟有南歸上海。

1932 年 11 月 8 日，聶耳返抵上海。10 日往見田漢，彙報在北平與左翼劇聯的工作。年底，上海劇聯成立音樂小組，成員有田漢、聶耳、張曙、安娥、任光等，可謂人才濟濟，後來果然為戲劇和電影的音樂創作，做出驕人的成績。

1933 年初，春寒料峭，白色恐怖籠罩，但聶耳紅心熾熱，正迎接人生的春天。他由左翼劇聯負責人趙銘彝和田漢作介紹，並在左聯負責人夏衍監誓下，莊嚴宣誓加入了中國共產黨。成為共產黨員之後，聶耳更加勤奮，中共地下黨亦重點培養他。音樂小組經常在任光家開會，審音度曲，聶耳的創作得到改正和提升。

幾乎是同一時期，上海成立了「中國電影文化協會」，選

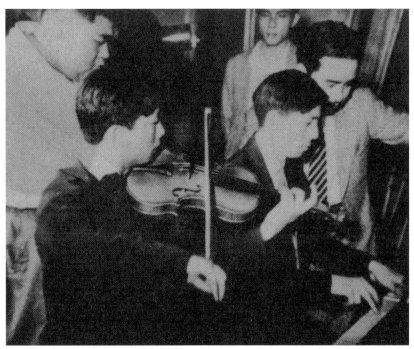

1933 年，聶耳拉小提琴與任光彈鋼琴合奏。

出的執行委員包括：夏衍、田漢、洪深、聶耳、任光、金焰、胡蝶、應雲衛、黎民偉、卜萬蒼等三十一人，並發表宣言，號召電影工作者「探討未來的光明」，開展「電影文化的向前運動」[49]。

1933 年夏，田漢編劇的電影《母性之光》，內有插曲《開礦歌》，由聶耳創作，這也是聶耳作的第一首電影歌曲。而《開礦歌》亦成為三十年代中國革命電影歌曲的先聲。

聶耳熱情工作，又是作曲、又是演出，甚至參與編導，被形容為「忘我的勞動」。著名演員趙丹，回憶聶耳「忘我的勞動」時，作了如下的描述：

哪裏有工作，他就搶到哪裏。除了主要的作曲工作外，他還演話劇，當電影演員，組織業餘歌詠團，為革命工作跑腿 …… 他永遠不知道疲倦，不論什麼工作都搶著去做。我聽見他不止一次地同朋友們說：「有哪部電影要作曲？我在搶工作。」……「搶工作」，這就是聶子的風格。[50]

---

49 同註 39 引書《聶耳傳》，頁 234-235。引程季華主編的《中國電影發展史》。

50 參見趙丹〈聶耳形象的創造及其他〉，收錄在《聶耳 —— 從劇本到影片》，北京：中國電影出版社，1982 年，頁 328-329。

就連夏衍也這麼說：「『搶工作』，是的，他不僅不推諉工作，他一直是搶著做工作的[51]。」

我們可以看一看 1934 年聶耳交出的音樂作品，就可以知道他對工作的投入度：

《走出攝影場》（安娥詞）、《一個女明星》（安娥詞）、《雪花飛》（柳倩詞）、《翠湖春曉》（樂曲）、《金蛇狂舞》（樂曲）、《昭君和番》（樂曲）、《賣報之聲》（武蒂詞）、《小野貓》（陳伯吹詞）、《打磚歌》（蒲風詞）、《打樁歌》（蒲風詞）、《碼頭工人》（蒲風詞）、《前進歌》（田漢詞）、《畢業歌》（田漢詞）、《大路歌》（孫瑜詞）、《開路先鋒》（孫師毅詞）、《飛花歌》（孫師毅詞）、《牧羊女》（孫師毅詞）、《新女性》（孫師毅詞）[52]。

1934 年 6 月，田漢編寫了新歌劇《揚子江暴風雨》，聶耳不但創作了《碼頭工人》和《苦力歌》（後改名為《前進歌》），還扮演主角碼頭工人老王，最後那場他抱著被日本兵打死的孫兒（由田漢十一歲兒子田海男扮演），帶領碼頭工人憤怒地高唱著《前進歌》，向漢奸走狗衝去：

---

51 參見夏衍撰〈永生的海燕 —— 紀念聶耳同志逝世二十周年〉，收錄在《永生的海燕 —— 聶耳、冼星海紀念文集》，北京：人民音樂出版社，1987 年，頁 2。

52 同註 39 引書《聶耳傳》，頁 349-350。作者王懿之據《聶耳全集》整理。

苦力們，

大家一條心！

掙扎我們的天明，

我們並不怕死，

不用拿死來嚇我們！

我們不做亡國奴，

我們要做中國的主人！

讓我們結成一座鐵的長城，

把強盜們都趕盡！

讓我們結成一座鐵的長城，

向著自由的路，前進！

　　觀眾受到感動，一同站起來，高唱：「我們不做亡國奴，我們要做中國的主人[53]！」

　　田申（海男）在七十多年後回憶：「我扮演碼頭工人老王的孫子小栓子，聶耳緊緊地抱著我，淚水和汗水流滿在他塗著油彩的臉上，粘著的鬍子尖端掛著他晶瑩的淚珠，他那悲憤交加誓死要為犧牲的戰友和孫兒復仇的神態，至今我還記得清清楚楚。他哪裏是在演戲呀！他把整個生命和心血都熔鑄到人物的

53 同註 27 引書《我的父親田漢》，頁 238。

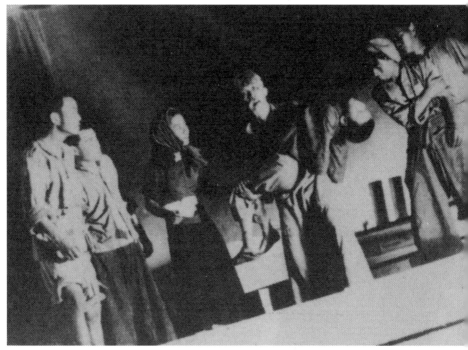

1934 年夏，聶耳作曲、導演、主演的新歌劇《揚子江暴風雨》。聶耳扮演碼頭工人老王，抱著被日本兵打死的孫兒小栓子（由田漢長子田海男扮演）。

1934 年夏，聶耳、田漢（右）與王素姐妹合影。

田漢作詞、聶耳作曲的《畢業歌》。

心靈去了[54]。」

聶耳作的歌，容易唱，有力量。田漢分析說：「他是自己真正站在痛苦的人民中間，喊出了他們的憤怒和要求。」而夏衍則稱頌聶耳為「中國人民的歌手」。朱德總司令更加為昆明的聶耳紀念館題詞：「人民的音樂家」[55]。

劫難前完成的《義勇軍進行曲》

「九・一八」事變之後僅年半，熱河又告失守。日寇續向長城各軍事要地進攻。國民黨的守軍激於愛國，奮起抵抗，曾在喜峰口痛擊敵人。但蔣介石的南京政府一意孤行「先安內、後攘外」的政策，不但堅持不抵抗，更不許別人抗日。在這種近乎「開門揖盜」的政策下，如何能守得住？ 1933 年 5 月，長城各口棄的棄、敗的敗。日軍長驅直下，將戰火燒至平津一帶。

朱慶瀾將軍不忘義勇軍的抗日精神，於 1934 年出資贊助上海電通影業公司，拍攝一部以義勇軍抗日衛國為題材的電影。經過上海文委的安排，交由田漢撰寫劇本。是年冬天，田漢趕寫出十數頁紙的劇本梗概來，題名為《鳳凰的再生》。可冬天還

---

54 同註 27 引書《我的父親田漢》，頁 238-239。

55 同註 39 引書《聶耳傳》，頁 334-335。

沒有走，田漢便被抓去了。據田申的記述，田漢是於 2 月 19 日參加完討論梅蘭芳赴蘇聯演出的一個飯宴，剛回家，「即被英國巡捕房的十幾個人抄家逮捕，這是因為地下黨的交通員被特務盯梢之故。當晚林維中媽媽和小妹妹瑪琍（田野）也一起被帶走了……56」

同一天，陽翰笙、朱鏡我、趙銘彝等三十多名地下黨員也被捕。後來，田漢和陽翰笙被轉押至南京拘禁。

幸好田漢的《鳳凰的再生》手稿沒有留放在家中，而是交給了時任電通影業公司的編劇孫師毅57。雖然田漢被抓走，但使命不能就此完結，電影還是要開拍的。夏衍決定親自動手，將田漢那十多頁紙的劇本稿改寫成電影台本，並徵得在囚禁中的田漢同意，改名為《風雲兒女》。《風雲兒女》的主題歌，就是《義勇軍進行曲》，這歌詞是田漢寫在最後一頁紙上的。他後來

---

56 同註 27 引書《我的父親田漢》，頁 218。林維中（1900-1985 年），是田漢第三任妻子。1931 年為田漢誕下女兒田瑪琍，後來改名田野。1946 年底，田漢和林維中協議離婚。接著，田漢和安娥正式結為夫妻。

57 孫師毅（1904-1966 年），浙江杭州人，著名歌詞作家、電影劇作家。1924 年就讀於上海國立政治大學。1926 年進入電影界，又主編《神話特刊》，發表有關電影的論文。1934 年任聯華影業公司、電通影業公司編劇，創作有電影劇本《新女性》，又為《自由神》、《大路》等電影的主題歌和插曲創作歌詞。1949 年到香港，任《文匯報》總編輯。1957 年回內地參與籌建中國電影資料館，並出任顧問。

回憶當時是很想寫得長一點，卻因為沒有時間而煞筆。

　　田漢是在白色恐怖中進行筆舌之戰，他知道隨時會被綁走，所以又是改名換姓，又是不停轉移，然後趕緊地寫，但終歸還是被捕。正因為這樣，他那《義勇軍進行曲》歌詞的創作時間和地點，一直出現很多種版本流傳；已經八十多年了，仍然傳得沸沸揚揚。如最近香港大學中國音樂史博士周光蓁為《亞洲週刊》（2018年3月25日）撰文說：

　　《義勇軍進行曲》在獄中成孕，誕生時是個遺腹子，詞作者田漢在獄中把首（手）稿寫在香煙盒包裝紙上，讓該曲用作配樂的電影《風雲兒女》拍攝人員探監時傳出去。

　　黑獄偷光撰曲詞，為《義勇軍進行曲》問世再添幾分哀感！實情是否如此？田漢的二弟田洪卻有另一番說法：

　　「九・一八」事變後，他們兄弟搬到上海法租界，在聯華公司做音樂的聶耳常去田家談論國事。有一天，田漢從外面回來，十分氣憤地說，國家都要亡了，還有人在唱靡靡之音，長此下去，人民會成亡國奴。田漢對聶耳說：「我倆合作一首戰勝《桃花江》的歌，怎樣？」聶耳當即答：「好！」幾天後，田漢將寫好的《風雲兒女》主題歌詞交給聶耳，聶耳

很快譜好了曲。田漢聽了，感覺氣勢還不夠強烈。第二天，聶耳又在歌曲前加了前奏，用小號吹給他們聽，他們感到很有氣勢。田漢建議取個抗日殺敵的歌名《義勇軍進行曲》。[58]

田洪這篇談話稿，最初見刊於《湖北日報》。其時正當1982年12月4日第五屆全國人大第五次會議通過恢復《義勇軍進行曲》的原有歌詞為國歌歌詞，所以成為全國的熱門話題。於是《文摘報》也摘錄田洪的文章。由於田洪是田漢的親弟，一般認為可信性甚高。剛巧《北京晚報》也於12月27日刊出〈《義勇軍進行曲》的來歷〉，讀者感到和田洪所說的差異很大，便去信《北京晚報》尋求事實答案。最後，《北京晚報》編輯部致函夏衍，請他翻開記憶箱，再說前塵舊事。

夏衍是直接參與和領導《風雲兒女》的製作，影片中的《義勇軍進行曲》的作詞人、譜曲者都是由他委派：一位是他多年的戰友田漢，一位是他提攜栽培的愛將聶耳。所以如果要談《義勇軍進行曲》的來歷，非夏衍莫屬。只是過去在白區工作的時代不能說；解放初期政策上不標榜健在人員個人事跡，便不好說；文革時期更加不讓說。如今聶耳、田漢先後作古，又正值第五屆全國人大第五次會議通過恢復《義勇軍進行曲》的

---

58 同註 1 引書《我們的國歌》，頁 60-61。作者紫茵其後亦推翻田洪的說法。

夏衍（1900 — 1995 年）

原有歌詞為國歌歌詞，是時候把《義勇軍進行曲》的來歷說給國人聽，而且要說得清清楚楚，將長期以來那些不實的流言全部掃走。夏老便於 1 月 27 日回覆《北京晚報》。1983 年 2 月 14 日，《北京晚報》將夏衍的來信刊出，標題是：〈夏衍談《義勇軍進行曲》的來歷〉。

夏衍這封覆函，如同打開地下密室，將當年秘製《義勇軍進行曲》的過程公開，無疑是研究中華人民共和國國歌的重要文獻。但可能是在晚報發表，未能廣為流傳。同時，一些談論國歌的著述，也只摘引或者是轉引夏衍文章的幾句話。我非常渴望能夠讀到《北京晚報》的全文，但在香港不易尋得，幾經拜託，最後不但看到全文，而且還讓我購入當日那份《北京晚報》，真是喜出望外。這樣貴重的文獻資料，很值得全文轉錄於此：

夏衍談《義勇軍進行曲》的來歷

《北京晚報》編輯部：

關於《義勇軍進行曲》來歷的介紹，貴報去年 12 月 27 日所載及過去各報種種記載，或多或少都有一些傳訛之處，特別是《文摘報》所記田洪同志的談話記錄為甚。事實上，一、當時田漢同志住上海公共租界山海關路，並非「法租界」；二、這個曲子是聶耳在日本譜寫後寄回上海的，當時田漢已被捕，絕無譜好了曲，再用小號吹給他聽的可能。現將

《北京晚报》编辑部：

夏衍谈
《义勇军进行曲》的来历

关于《义勇军进行曲》来历的介绍，贵报去年12月27日所载及过去各报种种记载，或多或少都有一些传讹之处，特别是《文摘报》所记田洪同志的谈话记录为甚。事实上，当时田汉同志住上海公共租界山海关路，并非"法租界"。这个曲子是聂耳在日本谱写后带回上海的，当时田汉已被捕，绝无谱好了曲，再用小号吹给他听的可能。现将此事的经过简述如下：

1934年电通公司成立时，请田汉同志写一个剧本。到这一年冬，电通公司催稿甚急，田汉同志写了一个故事梗概（也可以说是一个简单的文学剧本），交给电通的孙师毅同志。田汉同志在他的《影事追怀录》中写道："在一次（电通公司的）会议上，我也承担了一个剧本……"，"当时执笔一定是十分匆促，记得原定要把主题歌写得很长些，却因为没有时间，写完这两节就丢下了，我也随即被捕了。"在此后的另一篇悼念聂耳的文章中，田汉同志也写过："他在日本学习中也没有丢下工作，《义勇军进行曲》的谱，就是他从日本寄回来的。"（见《影事追怀录》43页、78页）

田汉同志的被捕是在1935年2月，这时剧本还在孙师毅同志处，原名为《凤凰的再生》，后由作者改题为《风云儿女》。为了尽快开拍，电通公司决定由我将梗概写成电影文学剧本，由许幸之同志导演，田汉同志的梗概写在旧式十行红格纸上，约十余页。《义勇军进行曲》这首主题歌，写在原稿的最后一页，因在孙师毅同志书桌上搁置了一个时期，所以最后一页被茶水沾漏，有几个字看不清楚。我一辈子没有写过诗词，而孙师毅则是电影插曲作词的能手，所以我就请他把看不清楚的字根据歌词内容，设法填补，实际上只上出改了两三个字，即原词的第六句，"冒着敌人的飞机大炮前进"，改成了"冒着敌人的炮火前进"。当时聂耳正在准备去日本，知道了《风云儿女》有一首主题歌时，就主动来找

第一〇三期

我"抢"任务，说这首歌一定要让他谱曲，我和孙师毅、许幸之都非常高兴。聂耳拿到我写的文学剧本后，谱和导演许幸之讨论过，但没有谱成曲子。我和师毅、默敏为他送行时，他还表示这支歌曲定稿后一定尽快寄回，不会延误影片的摄制。

长期以来，还有一种传说，说《义勇军进行曲》的歌词，是田汉同志被捕后在狱中所作，写在一张包香烟的锡纸的衬纸上，托人带出来交给我和孙师毅的。这种说法，传播很广，后来连田汉同志本人也说："关于这些，我的记忆跟字迹一样地模糊了"（《影事追怀录》45页）。事实是许多人把《义勇军进行曲》的歌词，和田汉同志的一首狱中诗稿混淆了。《风云儿女》的剧本是田汉被捕前写好交出的，怎么能把主题歌留到被捕后再写呢？但他的确在香烟衬纸上写过一首诗，那是田汉同志被押送至南京时，林维中同志带了女儿田野去探监时，他写的后来流传很广的那首"平生一掬忆时泪，此日从容作楚囚……"的七律。这首诗写后，他要林维中诗交给了孙师毅和我，现已搜集在戏剧出版社即将出版的《田汉全集》中，原件一直由师毅保存，可惜的是经过十年浩劫已经无法找到了。

《义勇军进行曲》是经五届人大五次会议正式通过为我国国歌，因此，关于它的产生经过，希望不要以讹传讹。以上所述，直接经手此事的司徒慧敏、许幸之等同志都可以作证。
此致
敬礼！

夏衍
一月二十七日

编老附言 去年12月27日，《夜大学》刊登了《义勇军进行曲》的来历一文。之后，接到许多读者来信，提出此文和《文摘报》所摘田洪同志的文章（原载《湖北日报》）差异很大。为澄清事实，我们给夏衍同志写了信，请他提供更详细的说明，现将此信发表于此。夏老很快回了信，作了

1983 年 2 月 14 日的《北京晚报》刊出〈夏衍談《義勇軍進行曲》的來歷〉（筆者藏）

此事的經過簡述如下：

1934 年電通公司成立時，就請田漢同志寫一個劇本。到這一年冬，電通公司催稿甚急，田漢同志寫了一個故事梗概（也可以說是一個簡單的文學劇本），交給電通的孫師毅同志。田漢同志在他的《影事追懷錄》中寫道：「在一次（電通公司的）會議上，我也承擔了一個劇本⋯⋯」，「當時執筆一定是十分匆促，記得原定要把這主題歌寫得很長的，卻因為沒有時間，寫完這兩節就丟下了，我也隨即被捕了。」在此書的另一篇悼念聶耳的文章中，田漢同志寫過：「他在日本學習中也沒有丟下工作，《義勇軍進行曲》的定譜，就是他從日本寄回來的。」（見《影事追懷錄》43 頁、76 頁）

田漢同志的被捕是在 1935 年 2 月，這時劇本還在孫師毅同志處，原名《鳳凰的再生》，後由作者改題為《風雲兒女》。為了盡快開拍，電通公司決定由我將梗概寫成電影文學劇本，由許幸之同志導演。田漢同志的梗概寫在舊式十行紅格紙上，約十餘頁。《義勇軍進行曲》這首主題歌，寫在原稿的最後一頁，因在孫師毅同志書桌上擱置了一個時期，所以最後一頁被茶水濡濕，有幾個字看不清楚。我一輩子沒有寫過詩詞，而孫師毅則是電影插曲作詞的能手，所以我就請他把看不清楚的字根據歌詞內容，設法填補，實際上也只不過改了兩三個字，即原詞的第六句，「冒著敵人的飛機大炮前

進」，改成了「冒著敵人的炮火前進」。當時聶耳正在準備去日本，知道了《風雲兒女》有一首主題歌時，就主動來找我「搶」任務，說這首歌一定要讓他譜曲，我和孫師毅、許幸之都非常高興。聶耳拿到我寫的文學劇本及主題歌後，曾和導演許幸之討論過，但沒有譜成曲子，就到日本去了。我和師毅、慧敏為他送行時，他還表示這支歌曲定稿後一定盡快寄回，不會延誤影片的攝製。

長期以來，還有一種傳說，說《義勇軍進行曲》的歌詞，是田漢同志被捕後在獄中所作，寫在一張包香煙的錫紙的襯紙上，託人帶出來交給我和孫師毅的。這種說法，傳得很廣，後來連田漢同志本人也說：「關於這些，我的記憶跟字跡一樣地模糊了。」（《影事追懷錄》45頁）事實是許多人把《義勇軍進行曲》的歌詞，和田漢同志的一首獄中詩稿混淆了。《風雲兒女》的劇本是田漢被捕前寫好交出的，怎麼能把主題歌留到被捕後再寫呢？但他的確在香煙襯紙上寫過一首詩，那是田漢同志被押送去南京前，林維中同志帶了女兒田野去探監時，他寫的後來流傳很廣的那首「生平一掬憂時淚，此日從容作楚囚 …… 」的七律。這首詩寫後，他要林維中交給了孫師毅和我，現已搜集在戲劇出版社即將出版的《田漢全集》中，原件一直由師毅保存，可惜的是經過十年浩劫已經無法找到了。

《義勇軍進行曲》是經五屆人大五次會議正式通過為我國國歌，因此，關於它的產生經過，希望不要以訛傳訛。以上所述，直接經手此事的司徒慧敏、許幸之等同志都可以作證。　此致

敬禮！

夏衍

一月二十七日

夏衍這封書函，顯然沒有廣為流佈，所以未能擴大影響。到了 1989 年他接受文藝工作者范正明採訪時，老人家非常不滿地談到《義勇軍進行曲》的歌詞一事。二十年後，范正明提筆憶述夏老的談話：

夏老似乎有些忿然，說：「現在有些人不負責任，誤傳《義勇軍進行曲》這首歌詞是田漢寫在一張香煙的錫箔紙襯紙上的。這不是事實，寫在襯紙上的是他被捕入獄後寫的那首《七律》。這首歌詞是電影《風雲兒女》中的插曲，田漢的劇本梗概，寫在舊式十行紅格紙上，約十餘頁，劇名為《鳳凰涅槃圖》。《義勇軍進行曲》這首主題歌，寫在原稿的最後一頁，因在孫師毅同志桌上擱置了一段時期，所以最後一頁被茶水濡濕，有幾個字看不清楚了。他被捕後，由我接手寫成

許幸之

電影台本，投拍時改名《風雲兒女》。歌詞只動了一句，將
『冒著敵人的飛機大炮前進』一句，改為『冒著敵人的炮火
前進。』」[59]

　　另一方面，孫師毅也曾作過一些回憶，他說：「《風雲兒女》
原先是田漢寫的故事，很簡單，終由夏衍分幕，許幸之寫成劇

---

59 文藝工作者范正明擬撰寫田漢與國歌為題材的影視作品，於 1989
年夏往訪夏衍，其時夏衍年將九十。2009 年 10 月 6 日，范正明撰
寫回憶文，以〈夏衍談田漢和《義勇軍進行曲》〉為題，發表於湖
南《長沙晚報》。又田漢劇本初名《鳳凰的再生》，亦名《鳳凰涅
槃圖》。

本。那時田漢被扣禁以香煙紙寫《義勇軍進行曲》的歌詞，由夏衍交我轉給聶耳。這曲最初是用五線譜寫成（手稿遺失），當時原歌詞是『冒著敵人的飛機大炮』。最後的『前進』只有一次，後由聶耳和我商量，把歌詞加以更改。」孫師毅的談話是在 1959 年 4 月，但只是一篇記錄稿，而且聲言未經孫師毅本人審閱，所以不能輕率引用。

儘管田漢的劇本和曲詞不是在黑獄中撰寫，而是剛完成劇本的梗概便被抓走，「劇情」也是相當驚險。雖然田漢曾經想把歌詞寫得長一點，結果無法如願。但後來歌曲在抗日戰爭中傳唱，字字鏗鏘有力，句句震動心弦，證明簡短易記，便於上口齊唱的絕好歌詞，是可以成為國歌歌詞的不二之選。

再說當年的夏衍，在憂憤中接手田漢的未竟之業，把《鳳凰的再生》改寫成電影台本，同時又趕忙找了許幸之，請他為《風雲兒女》這部電影當導演。

這個時候，對國統區的共產黨員來說，儼如暴風雨來臨的前夜。上海地下黨已偵悉聶耳是在緝捕的黑名單內，為保護和培育聶耳，黨的領導正安排他出國赴日，然後尋找機會前往歐洲，再轉往蘇聯學習。熱情的聶耳，早已打聽到《風雲兒女》有主題歌要寫，馬上又去「搶工作」，向孫師毅和許幸之提請將作曲任務交給他。孫師毅便將歌詞清抄一遍，交給了聶耳。

聶耳為創作《風雲兒女》的主題曲，「幾乎廢寢忘食，夜以

聶耳在上海居處的書桌

繼日，一會兒在桌子上打拍子，一會兒坐在鋼琴面前彈琴，一會兒在樓板上不停走動，一會又高聲地唱起來。」這是許幸之回憶聶耳交付曲稿時跟他談到的創作癡迷的情況 [60]。聶耳為此還要向房東老太太賠不是。

許幸之還清楚記得，一大清早，聶耳來拍門，把趕拍片熬了夜的許幸之吵醒，興奮地說：曲子譜好了。接著，聶耳一手拿著樂譜，一手在書桌上重重地打著拍子，大聲唱了起來。他一連唱了幾遍，然後停下來，問許幸之意見。許幸之有些顧慮，不敢直言。後經聶耳再三懇請，許幸之才說：「整個曲子譜得很好，激昂、輕快，但『起來，不願做奴隸的人們』的起句顯得低沉了一些，而最後一句『冒著敵人的炮火前進！』還不夠堅強有力。是否應當減少一些裝飾音，形成一個堅強有力的煞尾 [61]？」

聶耳靜心思索，跟著拿起桌上的鉛筆修改起來。他們兩人

---

60 參見許幸之〈憶聶耳〉，同註 51 引書《永生的海燕 —— 聶耳、冼星海紀念文集》，頁 81。許幸之（1904-1991 年），江蘇揚州人，著名畫家、導演、詩人。自幼愛好繪畫，師事呂鳳子，後入上海美專。畢業後，再東渡日本深造，考入東京美術學校。在日本發表詩篇和畫作，油畫《晚步》得到很高的評價。回國後，參加左翼文化運動，受夏衍賞識，委為《風雲兒女》導演。抗日戰爭期間，他和吳印咸攝製了抗戰紀錄片《中國萬歲》，宣傳守土衛國的愛國精神。1954 年起任中央美術學院教授，油畫作品有《巨手》、《海港之晨》，而《偉人在沉思中》更成為他的代表作。另出版有作品集和論文集。

61 同註 60 引書《永生的海燕 —— 聶耳、冼星海紀念文集》，頁 82。

按修改後的樂譜合唱，果然比原來的激昂多了。末尾句原是：
「冒著敵人的炮火前進」，聶耳加上了疊句，成為：

> 冒著敵人的炮火前進！
> 冒著敵人的炮火前進！
> 前進！前進！進！[62]

這樣，田漢的歌詞經過孫師毅和聶耳的一些修改，便成為
今天國歌的歌詞：

> 起來！不願做奴隸的人們！
> 把我們的血肉，築成我們新的長城！
> 中華民族到了最危險的時候，
> 每個人被迫著發出最後的吼聲。
> 起來！起來！起來！
> 我們萬眾一心，
> 冒著敵人的炮火前進！
> 冒著敵人的炮火前進！
> 前進！前進！進！

---

[62] 同上註。

風聲愈來愈緊，聶耳不得不走，但他仍然想將譜子錘煉一下，便約定到日本後，盡快將譜子定好，寄回上海。

避走日本、譜定名曲、一去不返

聶耳即將出國赴日，大家聞悉都不盡依依，紛紛為他餞行。4 月的一個晚上，鄭君里、賀綠汀、趙丹、袁牧之、唐納、孫師毅等，相約在長江飯店為聶耳餞別。1935 年 4 月 15 日，聶耳要離開祖國，握別戰友，夏衍和司徒慧敏等人也前來話別，語多珍重和鼓勵。為免惹人注目，大夥兒盡可能不到碼頭送行。但趙丹、鄭君里、袁牧之幾個好友，在早上來到黃浦江畔的匯山碼頭，親送聶耳登船。二十年後，在紀念聶耳的電影中扮演「聶耳」的趙丹，執筆寫出這難忘的片斷：

我們看著聶子意氣風發地上了船。船緩緩地離開江岸，遠了，遠了，繫在船岸之間的彩帶斷了。只是在這個時候，我從望遠鏡裏看到他在擦眼淚。離開了夥伴們，離開了多難的祖國，離開了戰鬥的地方，他，流淚了！這是我見到他第一次流淚，也是僅有的一次！[63]

---

[63] 同註 50 引趙丹文，頁 332。

聶耳避走日本前租住的霞飛路 1258 號 3 樓（左起第二棟），《義勇軍進行曲》的初稿在此完成。

1935 年 4 月 28 日，聶耳（左一）在日本與同鄉友人張鶴（左二）
到隅田公園遊玩。

4 月 18 日聶耳抵達東京。因早已和雲南同鄉、摯友張鶴（天虛，左聯作家）聯繫上，可以到他租賃的民家一起暫住。聶耳沒有過了海便把譜曲之事忘得一乾二淨，而是時刻惦記。不消半個月，他再審音定調，終將曲子定了譜，火速寄回上海電通影業公司，收件人是孫師毅、司徒慧敏。

　　活潑開朗的聶耳，到了東京並沒有閒下來，他在張鶴的介紹下，先後結識了一批左翼留日學生，如楊士谷、杜宣、蒲風、陳學書、伊文、林蒂、侯風、黃岡等人。聶耳多次出席參加中國留日學生星期聚餐會、藝術聚餐會、詩人詩歌座談會和戲劇座談會等。他又如飢似渴地觀賞了許多日本的歌劇和舞蹈，欣賞了一些高水平的音樂會：從著名的日本交響樂團到新協劇團、寶塚劇團和業餘的兒童歌劇等，其中還觀摩了「日本新人演奏會」和歡樂的「兒童歌舞晚會」，又結識了秋田雨雀、濱田實弘等日本文藝界人士。

　　誠然，聶耳的才名亦已傳到留日的中國青年學生之中。6 月 2 日，在出席中國留日學生主辦的「第五屆藝術聚餐會」時，他應邀以《最近中國音樂界的總檢討》為講題，作了兩個多小時的講演 [64]。6 月 16 日，聶耳又參加了留日詩人的詩歌座談會，在席上提倡詩人和音樂家可以更加緊密合作。其後，他接受新

---

[64] 同註 39 引書《聶耳傳》，頁 296。

協劇團的邀請，參加7月下旬在京都、大阪、神戶的巡迴演出。

其時正7月初，距演出集合時間還有十多天，而東京開始踏入夏季，暑熱難當。剛巧聶耳與新結識的新協劇團照明主任李相南（朝鮮人）頗為投緣。李相南建議先前往神奈川縣藤澤市避暑，並到海邊弄潮。度假完畢，再繼續西行至關西。

7月9日，聶耳跟隨李相南離開東京，乘車來到神奈川縣藤澤市，下榻於李相南的朋友濱田氏的家中。

藤澤市位處東京都的西南方，今天從新宿乘搭小田急線快車，約一個小時便可抵達。藤澤市南臨相模灣，近海是湘南海岸，沙灘、海濱一個連一個，早已成為滑浪海浴的勝地。藤澤市東接文化古都鎌倉，古剎名寺散落市內，環境清幽，自古以來就有很多文化名士卜居於此，如夏目漱石、島崎藤村、芥川龍之介、正岡子規、川端康成等。而電車「江之電」，早在明治末年已通車，穿行於鎌倉、江之島、湘南海岸和藤澤市一帶，是擠住東京的都市人愛遊的度假勝地。

聶耳來到藍天碧海、風景秀麗的藤澤市，興奮不已。他先是遊了江之島，然後漫步沙灘海濱浴場。他想到在雲南滇池邊和友人涉水撲打水花的往事，又想到與電影、音樂界友人到上海高橋海濱浴場暢泳的樂事。如今面對水清沙幼的海灘，年青的聶耳，當然是急於躍躍欲試，在碧波中逐浪泅泳。

距藤澤市最近的海灘就是「鵠沼」。連續幾天，聶耳和李

相南等都一同到鵠沼海灘游泳。聶耳還成為弄潮兒,「經過幾天來的鍛煉,聶耳的跳浪大有進展,他可以熟練地駕馭浪花的自由起落了。高興之餘,他今天下水三次,日光浴三次,皮膚曬得通紅」[65]。

聶耳真是有點樂而忘返。他和濱田一家相處得很好,因為他們都是「知音人」。聶耳驚訝他們十分愛好音樂,有很好的修養,早晚請他拉琴、唱歌,示範中國舞蹈。

根據聶耳在 7 月 15 日的日記,他原定是 7 月 16 日離開藤澤市的,但因為日本友人特意請了兩天假來作陪,「後來一想,在人情上實在有些過不去,於是決定多延一天」[66]。

但一天的延遲,就是聶耳一生的大誤。因為 7 月 17 日,聶耳再到鵠沼海灘游泳,竟成為不歸之客。

事發的經過,目前僅有房東濱田實弘的《聶耳遭難時之情形》報告書作參考,並由聶耳的同鄉兼好友張鶴譯成中文,今全文錄如下:

　　昭和十年(1935 年)7 月 17 日午後 1 時半左右,聶君、李君、家姐、厚(我九歲的外甥)一同到鵠沼海岸去洗海水

---

65 同註 39 引書《聶耳傳》,頁 306。
66 同註 46 引書《聶耳全集》下卷〈日記〉,頁 541。

浴。到的時候，是 2 點鐘左右。李君獨自先下海，聶君等著家姐換衣服，三人隨後一同下海。

那天，風浪很大，有很多人和小學生們，也在那裏游泳，因此各人都沒有特別關照。

在海裏，李君是單獨一人，聶君則在水深齊胸的地方獨自跳浪游著。同時，家姐是在水淺的地方，招呼著厚一同泳著。

約有一個多鐘頭，家姐和厚一同上岸來，就遇到李君，說預備在先回去，要尋聶君打個招呼，尋聶君不見，那時聽遇在一起的李君也說，下海後，一回也沒有見到他。於是李君到海裏，家姐在岸上尋。（時 3 時半多）直到 4 點半都沒有尋得，便連忙通知監視所，分頭在海岸一帶尋覓。我接到報告，到海岸去的時候，已是 6 時左右，潮已經漲上了，仍未發現其蹤影。其後，李君聽當地人們說，要到辻堂、茅個崎那一帶去尋，仍無下落。夜晚江之島方面也去尋過。但是，此刻除了等待明早潮退再尋外，別無他法了。11 點鐘左右，只得回家。次日早上，也仍然尋不著。回家時，可巧接到警察報告說，屍體已經打撈上來，我就忙到那裏去看。

聶君的屍體，是普通一般的溺死人樣子，不難看，也沒有吃著水，僅只從口裏流著少許血，頭也出少許血，據檢驗的醫生說是窒息死。

把屍體撈上來的那個地方，是在游泳地西南約 30 米的海底，拱成溝條的樣子。

對屍體處置，因事關外國人的事，我們不敢作主去做。由警察廳方面去和貴國領事館交涉，以聶君未曾登過記而絕口不承認收領屍體 [67]。因此只好等著冀君（冀君係李君與聶君共同朋友，時在東京）的來，商議善後的處置。一面洗了屍體，穿上洋服，裝入棺裏交警察收去。

此後的一切，貴下和冀君都盡知了。[68]

《報告書》內的「李君」，即朝鮮籍燈光師李相南，「冀君」為中國留日學生冀林。

7 月 18 日，張鶴趕到鵠沼海濱，打開棺木，驗明了聶耳的遺體之後，便由日本警方將聶耳遺體火化 [69]。

1935 年 8 月底，聶耳的骨灰和遺物由張鶴和鄭子平護送回上海。翌年，聶敍倫來到上海，將骨灰接運回昆明，並於 1937 年 10 月 1 日安葬在昆明西山上。

---

67 這句話的意思是說當年的中華民國領事館因為聶耳沒有到過領事館登記身份，所以沒有資料可查核，便拒絕認領遺體。

68 同註 39 引書《聶耳傳》，頁 309-310。轉引自人民音樂出版社出版的《聶耳》畫冊所收 1935 年中國留日學生在東京出版的《聶耳紀念集》。

69 同註 39 引書《聶耳傳》，頁 311。

1935 年 8 月 4 日，中國留日學生在千葉縣北條舉行聶耳追悼大會。

上海《明星》雜誌在 1935
年 8 月號悼念聶耳的文稿

聶耳不幸遇溺的消息傳出後，文化藝術界和愛國人士都大為悲痛，有人甚至不相信遇溺，質疑是否另有內情。8 月 16 日，上海各界人士舉行了追悼大會，出席者坐滿大劇院，同聲痛悼聶耳早逝。其後，發表悼念文章的音樂家、文學家、詩人等有近百位，報章雜誌亦紛紛刊出紀念文稿。其中《明星》雜誌的悼言對聶耳作了高度評價：「聶氏在出國以前，雖然對電影界和音樂界已經有了那麼多的貢獻，但顯然，這還不過是他的音樂生活的開端，更大的造就還在將來；他正如初升的太陽，前途是孕育著無限光明的。可是現在，聶氏卻不幸被神奈川藤澤町鵠沼的海浪捲沒了……認識他的朋友，恐怕沒有不為他感動的。然而這年青人卻帶著燦爛輝煌的生命去了……[70]」

關押在南京的田漢，驚聞戰友在日本遇難，當然悲痛萬分。二十多年後，他撰文憶述：

這一年 7 月，我從南京國民黨憲兵司令部的監獄出來的那天，聽到聶耳去世的消息，真是無比震悼。黨失去了一個年輕有為的音樂幹部，我失去一個很好的合作者，這痛惜是雙重的。當時我曾寫了一首詩寄給在上海舉行的聶耳追悼會：

---

70 參見 1935 年 8 月出版的上海《明星》雜誌，頁 14。

1935年秋，張鶴（左一）和鄭子平（抱骨灰盒者）護送聶耳骨灰回國，出發前在東京留影。

1937 年，聶耳的骨灰在故鄉昆明下葬。

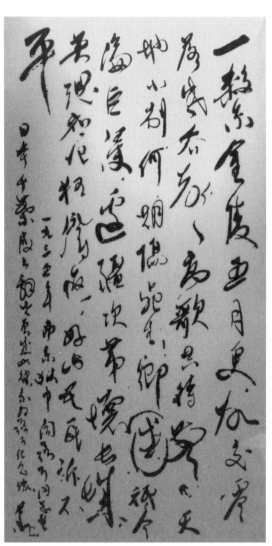

田漢為悼聶耳作七律

一繫金陵五月更，故交零落幾吞聲；

高歌共待驚天地，小別何期隔死生。

鄉國祇今淪巨浸，邊疆次第壞長城；

英魂應化狂濤返，好與吾民訴不平。[71]

當年田漢獲釋，但不准離開南京，田漢便只好寄詩遙拜、悼念戰友。若干年後，田漢錄此詩時，題款指聶耳在千葉海上遇溺，可見他在羈押期間，不是很容易接收得到正確的傳言。

《風雲兒女》呼喚對祖國的責任

夏衍接手田漢留下的劇本梗概，改寫成《風雲兒女》電影台本，請許幸之做導演，搶時開拍。剛巧電通影業公司由斜土路遷至荊州路 405 號[72]，並蓋搭好攝影棚。當年攝製電影主要是在攝影棚內搭景完成的。《風雲兒女》便成為電通公司遷入新址之後攝製的第一部電影。

---

71 同註 51 引書《永生的海燕 —— 聶耳、冼星海紀念文集》，頁 31，收錄田漢的《憶聶耳》。

72 當年上海荊州路 405 號是拍攝《風雲兒女》的攝影棚，亦即是國歌的誕生地。2009 年就在原地建立「國歌展示館」，館址則為楊浦區荊州路 151 號。

當時戰雲密佈，東北遊擊隊仍繼續頑抗，《風雲兒女》正與時局配合，演員和製作人員身負使命，全情投入拍攝，日夜開鏡，至 4 月底，已大致拍攝完畢。大家正翹首等待聶耳早日寄回修訂好的主題曲，以便配樂錄音。

　　就在這時，聶耳的曲譜寄至，但曲譜上的題名僅寫上《進行曲》三字，究竟是什麼進行曲呢？大家都有點困惑！再看田漢的歌詞也沒有歌名，如何推介這首主題歌呢？又是朱慶瀾將軍，他對「義勇軍」懷有深厚的感情，曾為陳彬龢編的《東北義勇軍》題簽。這次他又果斷地在《進行曲》三字前加上「義勇軍」，於是雄壯的《義勇軍進行曲》便成為抗日名曲。

　　聶耳寄回來的曲譜是手寫的，據從事音樂工作的人士說：聶耳的手稿抄寫得很認真，五線譜的標示非常精準，令人一目了然，毫無疑問。話雖如此，但要演奏好《義勇軍進行曲》是要有配器的安排。導演許幸之只好找正在上海音樂專科學校攻讀的賀綠汀，請他想辦法。賀綠汀為慎重計，轉請時任上海百代公司樂隊指揮的俄籍猶太人阿甫夏洛莫夫音樂家來幫忙。四十多年後，賀綠汀回憶如煙往事：「因為那時他（聶耳）已去日本，便由我去找僑居上海的俄國作曲家阿爾夏洛莫夫代為配樂隊伴奏，記得阿爾夏洛莫夫的配器寫得比較潦草，我還要他修

《風雲兒女》在荊州路 405 號電通公司的攝影棚內拍攝

《風雲兒女》的劇照,男女主角辛白華(左一袁牧之飾)、阿鳳(左二王人美飾)。

朱慶瀾為陳彬龢所編《東北義勇軍》題寫書名

改過。這首歌後來成為救亡運動和抗日戰爭的號角[73]。」

接著就是要決定歌唱者。正巧 5 月初，電通影業公司的工作人員組成一支小小的合唱隊，其成員有熱愛唱歌的盛家倫、影片《自由神》的導演司徒慧敏、參演過《大路》的鄭君里、名演員金山、《風雲兒女》的演員袁牧之和顧夢鶴、新演員兼場記施超，共七人。在呂驥、任光等的鼓勵下，他們練習了幾天，便於 5 月 9 日在百代唱片公司錄音棚內，灌製了第一張

---

[73] 同註 51 引書《永生的海燕 —— 聶耳、冼星海紀念文集》，頁 74，收錄賀綠汀撰〈回憶三十年代的聶耳〉。

《義勇軍進行曲》唱片（唱片編號為 34848b）。唱片上的錄音，隨後被轉錄到影片《風雲兒女》的影帶上 [74]。這七名合唱隊的成員便成為最早演唱《義勇軍進行曲》的歌唱者。

呼喚時代的《風雲兒女》在全體工作人員傾力奮戰下，電影很快就公映了。1935 年 5 月 24 日，《風雲兒女》在上海金城大戲院作全國首映。

《風雲兒女》以「九‧一八」事變後的時代為背景 —— 山河破碎，家國垂危。詩人辛白華（袁牧之 [75] 飾）和參過軍的好友梁質夫（顧夢鶴飾）一起，從東北的家鄉南逃至上海，租住在滬西一幢舊樓的小房。白華在上海文壇初露頭角；質夫則在大學進修，儘管生活困苦，但兩人英姿勃發，樂觀地憧憬著美好的將來。

同一屋簷下，二樓住著一對境況更加淒涼的母女，女兒叫阿鳳（王人美飾）。辛、梁二人對她們母女的遭遇極表同情，甚至典當物品代她們繳付房租錢。

世事多變，辛白華在一個文藝界的宴會上，邂逅了剛離婚

---

74 據上海國歌展示館資料。

75 袁牧之（1900-1978 年），浙江寧波人。三十年代初期參加左翼戲劇活動，其後致力於電影工作，先後主演了《桃李劫》、《風雲兒女》、《生死同心》，又編導了《都市風光》、《馬路天使》。抗日戰爭期間，從事抗戰文藝宣傳活動。後來轉到延安，編導了大型紀錄片《延安與八路軍》。1949 年後，主要擔任電影事業的領導工作。

的富裕而美麗的少婦施夫人（談瑛飾），並共墮愛河。梁質夫熱血愛國，逐漸靠近提倡抗日的反政府組織。阿鳳母親突然病故，頓失依靠。幸好辛白華剛收到一筆稿費，便用這些錢將阿鳳送進學校唸書。但質夫因與「鐵血團」有關而被捕，寄放在住所的物件亦成為罪證，白華也受到牽連，慌忙逃逸，潛藏在施夫人的家裏。

阿鳳又再孤苦無靠，不能繼續學業，惟有加入一個歌舞班，跟隨大夥到北方各個城市表演。當阿鳳來到青島演出時，遇到觀看歌舞的辛白華。原來施夫人帶著他來青島遊玩，享受著美滿的二人世界。白華畢竟是一個熱血青年，他看過阿鳳演的《鐵蹄下的歌女》之後，大為震動，使他想起了淪陷的家鄉、離別了的親人，還有摯友質夫，忽然覺醒起來，可惜很快又沉醉在愛戀之中。阿鳳十分失望，繼續隨著歌舞班飄零、流浪。

梁質夫在各方的援助下，獲保釋出獄。他眼見敵人繼續向華北推進，毅然北上參軍。梁質夫不想白華忘記作為國民的責任，應要挺身為國。在出發前，他留信給白華，道出保家衛國之責。

在那戰亂時代，質夫的書函輾轉送到白華手上時，已經成為遺札 —— 梁質夫在保衛古北口的戰場上犧牲了。辛白華終於感悟，踏著質夫的血路，走到長城邊，與來自各地的同胞所組成的戰士，為著不願當亡國奴，冒著敵人的炮火前進！

電影主題很明顯，不在兒女情長，而在時代風雲。現今，有評論指主題太外露，但未曾經歷過那戰爭時代的人，又怎會知道在民族危亡之際，實在需要喚起民族魂，而喚起民族魂的召喚聲中，《風雲兒女》正是其中一道重要的呼聲。

翻看當年電影上演時的廣告，可以看到其中一些端倪。先從製作人員的名單來看：

監製：馬德建　　導演：許幸之
主演：王人美　　袁牧之　　談　瑛　　顧夢鶴
　　　陸露明　　王桂林
攝影：吳印咸　　錄音：司徒慧敏　　周　駼
置景：張雲喬　　劇務：吳引波
作曲：聶　耳　　配音：賀綠汀
洗印：畢志萍

這裏顯然缺少了編劇（或劇本）和填詞人兩項，原因是田漢身陷囹圄，不好放上他的姓名。

再看宣傳用語，那是呼籲大家在國家危急之際，要有所警醒：

悲壯、哀愁、輕鬆、明朗，使你喜，使你悲，使你感

1935 年 5 月 24 日，《風雲兒女》在上海金城大戲院首映時的廣告。

奮！使你知道你對祖國的責任！

　　《風雲兒女》令人感奮，但誰也不能不承認主題歌《義勇軍進行曲》最為激動人心。當時上海的《申報》、《時報》、《晨報》、《中華日報》等報章，都紛紛刊出《義勇軍進行曲》的詞譜。電通影業公司旗下的《電通》畫報在第二期刊出了以長城和義勇軍為背景的《義勇軍進行曲》詞譜，並於上方嵌以「還我山河」四字，右下方更綴以《風雲兒女序詩》，成為《義勇軍進行曲》最早的一張宣傳品。

　　《風雲兒女》在上海首映後，賣座情況好，觀眾踴躍，接著在全國各大城市上映。主題歌《義勇軍進行曲》唱出人民不要妥協要抗日的心聲，瞬即廣為傳播。

各地熱唱抗日歌，美國發行《起來！》唱片

　　日本軍國主義者的野心愈來愈大，妄想吞併中國，製造他們的「大東亞共榮圈」。1937 年 7 月 7 日爆發的「盧溝橋事變」，迫使中國進入全面抗日戰爭時期。

　　而田漢在徐悲鴻和宗白華的幫助下，雖獲准保釋，但仍監視居住，不得離開南京。「盧溝橋事變」之後，田漢恢復自由，繼續運用他的文筆，號召保家衛國，抵抗日寇。

1935 年 6 月 1 日出版的《電通》畫報，刊出《義勇軍進行曲》詞譜。

百代唱片公司於 1935 年 5 月發行的第一張《義勇軍進行曲》唱片

雄壯的《義勇軍進行曲》猶如抗日戰爭的號角，前線後方都高唱：「起來！」夏衍曾撰文回憶說：「《義勇軍進行曲》插上翅膀很快就傳遍了長城內外、大江南北，成為鼓舞中華兒女抗日救亡的戰鬥號角，並流傳海外。」

聶耳的好友劉良模，是青年會的總幹事。他在青年會組織了「民眾歌詠會」，教他們合唱《義勇軍進行曲》、《大路歌》、《開路先鋒》和《畢業歌》等勵志激昂的愛國歌。這些歌無疑唱出了他們內心想要發出來的呼聲，所以愈唱愈愛唱。1936年6月7日，上海公共體育場（今方斜路515號）舉行「第三屆民眾歌詠會」大合唱，劉良模指揮五千多人高唱《義勇軍進行曲》等救亡歌，轟動了全城。其後，抗日戰爭全面展開，劉良模更加投入推廣抗日戰歌，從上海往北到北平、天津，直至綏遠（今呼和浩特）的傅作義部隊；往南到福建、廣東，一直到香港，把群眾組織起來，高唱抗日救亡歌曲。劉良模曾說：「聶耳和冼星海是製造抗戰救亡歌曲的工廠，而我只是他們歌曲的推銷員[76]。」

另一方面，曾留學法國的任光，也到東南亞推動抗日救亡歌詠運動。1938年春，任光前往巴黎出席反對法西斯侵略運動

---

76 參見劉良模撰〈紀念聶耳七十誕辰〉，收錄在聶耳冼星海學會編輯並出版《紀念聶耳誕辰七十周年文集》，武漢，1982年，頁75。

1936 年 6 月 7 日，劉良模在上海西門公共體育場指揮數千群眾高唱
《義勇軍進行曲》。

大會，指揮巴黎華僑合唱團登台演唱《義勇軍進行曲》。冼星海和張曙於「盧溝橋事變」一周年之日，在武漢指揮逾萬群眾高唱《義勇軍進行曲》。

劉良模全力推動抗日救亡歌詠運動，令敵人恨之入骨。蔣介石的國民政府常懷對日妥協之意，所以一直盯緊劉良模的活動，形勢對劉良模愈來愈危險。1940 年夏，劉良模偕妻子陳維姜避走國外，飄洋到美國。其時，有美國人組織了「美國醫藥援華會」，他們通過宋慶齡女士，將藥物送到中國內地，支援中國抗日。這些支持中國抗日的美國團體，便邀請劉良模講述日本侵華的罪行。劉良模又是講又是唱；唱出激昂的抗日戰歌，引起了美國人的震動和迴響。後來，劉良模又在紐約唐人街組成華僑青年合唱團，由他教唱抗戰歌曲，如《救國軍歌》、《大刀進行曲》、《義勇軍進行曲》等。合唱團把這些戰歌唱給華僑和美國人民聽，起到宣傳抗日的作用 [77]。

在朋友的介紹下，劉良模認識了美國著名黑人歌手保羅‧羅伯遜（Paul Robeson, 1898-1976 年）。劉良模唱了很多中國抗戰歌曲給羅伯遜聽，他最喜歡聶耳的《義勇軍進行曲》。他說，「起來，不願做奴隸的人們！」不但唱出了中國人民爭取自由解

77 參見劉良模撰〈中國抗戰歌曲在美國〉，收錄在聶耳冼星海學會編輯並出版《紀念聶耳誕辰七十周年文集》，武漢，1982 年，頁 204。

1940 年，美國著名黑人歌唱家保羅‧羅伯遜參加「保盟」藝術團在美國的募捐義演（左一是劉良模）。

1940 年，美國著名黑人歌手保羅‧羅伯遜在紐約路易桑那露天劇場用中英文高唱《義勇軍進行曲》。

1941 年，保羅·羅伯遜錄製的抗戰歌曲唱片《起來！—— 新中國之歌》。

宋慶齡女士為保羅·羅伯遜的《起來！—— 新中國之歌》唱片撰寫英文序言。

法國、捷克錄製的《義勇軍進行曲》唱片，亦名《起來！》。

放的決心，也唱出了全世界被壓迫的人民、包括美國黑人在內的爭取自由解放的決心。劉良模將歌詞譯成英文，又教羅伯遜用中文來唱。原來羅伯遜曾習中文，所以很快就能用準確的華語唱出《義勇軍進行曲》。此後，羅伯遜每每在他的演唱會中，以中英文來唱《義勇軍進行曲》。其中最為轟動的是在紐約路易桑那露天劇場的演唱會上，到最後的壓軸歌，羅伯遜轉以華語唱出雄壯的《義勇軍進行曲》，全場七千多美國民眾發出尖叫。演唱會結束，民眾都唱著「起來！」而散去。由於美國人十分喜愛這首歌，把這首歌叫作《起來！》，劉良模便邀請保羅‧羅伯遜和華僑青年合唱團一起，錄製了一張中國抗戰歌曲的唱片，名為《起來！——新中國之歌》（*Chee Lai!: Song of New China*），其中壓卷之作當然是《義勇軍進行曲》。當年，宋慶齡女士還專門為唱片撰寫了英文〈序言〉，而出售這張唱片所得到的收入，就捐給中國作為支援中國人民抗戰之用 [78]。

1941 年底，日本偷襲珍珠港，美國向日本宣戰，中國和美國成了同盟國，美國的反法西斯運動愈來愈高漲，雄壯激昂的《義勇軍進行曲》甚受歡迎，電台也經常播放。據說，羅伯遜曾問劉良模，《義勇軍進行曲》是否中國的國歌，其旋律可以是國

---

[78] 同註 77 引書《紀念聶耳誕辰七十周年文集》，頁 205。又北京宋慶齡故居及上海國歌展示館均藏有並展出美國發行的保羅‧羅伯遜唱的《起來！——新中國之歌》唱片。

歌之選⁷⁹。這不愧是知音人，而且是一位外國的知音人！

美國的知音人還不止羅伯遜。1944 年軸心國已呈敗績，同盟國勝利在望。美國著名音樂指揮家福爾希斯向美國國務院提議，在盟國勝利之日，擬準備各國凱旋之歌在電台播放。於是美國國務院文化關係科代科長皮格便特別選定各國具影響力的歌曲作為代表，入選的名曲包括：

中國：《義勇軍進行曲》；

美國：《美麗的美利堅》、《美國人的山歌》、《甜蜜的家鄉》；

英國：《哈里路亞合唱》；

蘇聯：《聯合國歌》、《斯拉夫進行曲》；

法國：《英雄曲》、《馬賽曲》、《神羊祈禱曲》、《安魂曲》⁸⁰。

在第二次世界大戰期間，印度陸里廣播電台也選用《義勇軍進行曲》作為對華廣播的前奏曲⁸¹。

---

79 同註 1 引書《我們的國歌》，頁 76。

80 同註 77 引書《紀念聶耳誕辰七十周年文集》，內收呂驥撰〈「我是為社會而生的」〉，頁 8；又註 39 引書《聶耳傳》，頁 288。

81 同註 77 引書《紀念聶耳誕辰七十周年文集》，內收呂驥撰〈「我是為社會而生的」〉，頁 8。

中華人民共和國國歌的不二之選

「九・一八」事變之後，中國人民為保家衞國，起來抗戰。這場戰爭，真是持久戰，足足打了十四年。中華民族以不屈不撓的精神，與兇殘的敵人作殊死戰，最終取得勝利。但大好河山，已是一片破落、稀爛。可是戰爭仍沒有結束，蔣介石又再次「剿共」，內戰瞬又爆發。結果是裝備落後但得人心的中國共產黨率領的解放軍，打敗了國民黨軍。1949 年 10 月 1 日，中華人民共和國成立，定都北京。

在宣告新中國成立之前的幾個月，各界精英和各民主黨派人士雲集京城，召開政治協商會議，籌組新政府，每一項決定，都是極其重要的國家大事，其中就有國歌的選定。

1949 年 6 月 15 日，新政治協商會議籌備會第一次會議召開。翌日，周恩來在中南海主持了籌備會常務委員會第一次會議，通過下設六個小組，其中擬定國旗、國徽及國歌方案，均由第六組負責。

第六組在為採選國旗、國徽和國歌的工作方面，做出了很大貢獻。2014 年中央檔案館將有關檔案一百六十件解密，全文掃描影印彙編為《中華人民共和國國旗國徽國歌檔案》，交付出

版 [82]。這些珍貴的資料，有助我們了解國旗、國徽及國歌誕生的背景和過程。以下就集中翻閱有關國歌的檔案。

第六組的成員是：

組長：馬敘倫 [83]　　副組長：葉劍英　沈雁冰

組員：張奚若　田漢　馬寅初　鄭振鐸　郭沫若　翦伯贊
　　　錢三強　蔡暢　李立三　張瀾　陳嘉庚　歐陽予倩
　　　廖承志

秘書：彭光涵

第六組第一次會議於 7 月 4 日舉行，通過了：（一）擬定國旗、國徽、國歌徵求條例；（二）設立兩個委員會，一、國旗國徽圖案初選委員會；二、國歌詞譜初選委員會。國歌詞譜初選委員會成員共五人：田漢、沈雁冰、錢三強、歐陽予倩、郭沫若。又同意聘請專家加入委員會。

---

82 中央檔案館編《中華人民共和國國旗國徽國歌檔案》（上、下卷），
　　北京：中國文史出版社，2014 年。

83 馬敘倫（1885-1970 年），字夷初，浙江杭縣人。早年加入同盟會，
　　曾在北京大學講授老莊哲學，並曾出任北洋政府和國民政府的教育
　　部次長。「九・一八」事變後，任北平文化界抗日救國會和華北民
　　眾救國聯合會主席。抗日戰爭勝利後，發起組織中國民主促進會。
　　1949 年出席全國政協第一屆全體會議，後歷任政務院文化教育委
　　員會副主任、全國人大常委、全國政協副主席。馬氏治學頗廣，訓
　　詁、詩詞和書法皆有獨到之處，亦長於審音顧曲。著有《説文解字
　　六書疏證》等。1970 年逝世，藏書二萬餘冊，悉贈輔仁大學。

新政治協商會議籌備會於 7 月 16 日開始在北平、天津、瀋陽、哈爾濱、大連、上海、漢口、濟南、青島、開封、西安、南京、香港等十三個城市的各大報章，刊出《徵求國旗國徽圖案及國歌詞譜啟事》。第一期刊出是由 7 月 16 日起連續一個星期，第二期是隔天刊出直到 8 月 20 日截止日期 [84]。

8 月 5 日，第六組第二次會議的其中一項決議，就是聘請馬思聰、賀綠汀、呂驥、姚錦新四位專家為國歌詞譜初選委員會的顧問。

8 月 18 日至 20 日就應徵來稿進行評選，並定 8 月 23 日開國歌詞譜初選委員會會議。接著第二天是第六組的第三次全體會議，仍由馬敍倫主持。其中討論國歌時，歐陽予倩說：「有的長篇大論，好像長詩。」馬敍倫回答：「昨天審查歌詞已有意見謂：除限二百字外最多寫四段，內容要照顧到情緒、莊嚴、愉快、奮發……[85]」會上作出對國歌方面的決議：

一、歌詞複選提出十三件，複印二百份，以備提供參考。

二、因複選提出的歌詞似尚未臻完善，仍由文藝專家繼續擬製。

---

84 同註 82 引書《中華人民共和國國旗國徽國歌檔案》（上、下卷），頁 13-15。

85 同註 82 引書《中華人民共和國國旗國徽國歌檔案》（上、下卷），頁 84。

三、據專家意見小組預選提出之國歌歌詞經常委預選後即製定曲譜，並登報公佈徵求群眾團體試唱後，再作最後選定，但需要經過相當時間，此種意見是否可以採納，請常委會決定[86]。

原來《徵稿啟事》刊出後，反應熱烈，全國稿件如雪片飛至，國歌共徵集得樂曲六百三十二件，歌詞六百九十四件。在這些歌詞稿件中，複選出十三件送交常委會作評審。現將進入複選的國歌歌詞摘錄四首以供參閱：

初三號的第一節

做大的中華

人民的中華

從黑暗到光明

戰鬥的紅旗號召前進

萬眾一心　打倒內外敵人

新的中華；永遠　不可　戰勝

萬歲！中華人民共和國

萬歲！中華民族徹底解放，太陽照四方

---

86 同註 82 引書《中華人民共和國國旗國徽國歌檔案》（上、下卷），
　 頁 88-89。

初八十七號（一）

革命的火，越燒越紅。

革命的人民，越來越眾；

毛澤東，毛澤東領導我們燒火又打鐵；

我們勤勞，我們英勇，

中華人民共和國，

是我們鐵打的英雄！

初六十八號

長江萬里浪滔滔，

錦繡河山，紅光普照！

東方的太陽起來了，

五千年古國在歡笑！

四萬萬同胞一條心，

走上了新民主光明的大道！

人民民主有力量，

新的中國要怒吼！

我們是愛好和平的民族，

一定要把和平的社會創造！

初八十八號（一）

人民中國　雄立亞東

光芒萬道　輻射長空

艱難締造慶成功

勝利紅旗遍地紅

生者眾　物產豐

工農長作主人翁

使我光榮祖國

穩步走向大同 [87]

　　選出的歌詞，還要登報徵求譜曲，然後再試唱，最後作評審表決。按這樣的程序，能趕得及 10 月 1 日的開國大典嗎？無怪乎第六組的委員既焦急又擔心。他們意識到在短時間內全新創作一首歌曲，可以令大多數人接受而又贊同成為國歌，實在不是想像中那麼容易。於是轉過來集中從已經廣泛傳唱的愛國歌曲中排序審聽，據說進入遴選的歌曲包括：

　　冼星海的《救國軍歌》（塞克詞）、《在太行山上》（桂濤聲詞）、鄭律成的《延安頌》（莫耶詞）、《延水謠》（熊復詞）、張

87 同註 82 引書《中華人民共和國國旗國徽國歌檔案》（上、下卷），頁 95-113。

寒暉詞曲《松花江上》、任光的《漁光曲》（安娥詞）、孫慎的《救亡進行曲》（周鋼鳴詞）以及田漢詞、聶耳曲的《義勇軍進行曲》等 [88]。

最早建議用《義勇軍進行曲》為國歌的是大畫家徐悲鴻。他在法國留學時，對法國國歌《馬賽曲》有深刻印象，徐悲鴻認為很多國家都會考慮選用在民間已廣泛流傳並已被接受的歌曲為國歌，《義勇軍進行曲》深入人心，在國內外都有很高的聲譽，所以十分值得考慮。加上劉良模將《義勇軍進行曲》在美國熱唱的情況作了詳細介紹，引起大家的共鳴，贊成推薦給大會 [89]。

時間愈來愈緊迫，已經到了 9 月下旬，無論如何也得有個定案。為此，特別召開一個重要的座談會。

根據《中華人民共和國國旗國徽國歌檔案》所載的檔案圖照，可以看到座談會的主要發言摘錄，現引如下：

國旗國徽國歌紀年國都協商會座談會

地　　點：中南海豐澤園

時　　間：九月廿五日下午八時

---

88 同註 1 引書《我們的國歌》，頁 75。

89 同註 1 引書《我們的國歌》，頁 75、76；又同註 27 引書《我的父親田漢》，頁 137。

出席者：毛主席　周恩來　郭沫若　沈雁冰　黃炎培

　　　　陳嘉庚　張溪（奚）若　馬敘倫　田漢

　　　　徐悲鴻　李立三　洪深　艾青　馬寅初

　　　　梁思成　馬思聰　呂驥　賀綠汀 [90]

　　會上先就國旗、國徽、紀年、國都的方案進行討論和協商，並得到了定案。最後來到國歌的提案：

馬敘倫：我們政府就要成立，而國歌根據目前情況一下
　　　　子還製不出來，是否我們可暫時用《義勇軍進
　　　　行由（曲）》暫代國歌。

×××：曲子是很好，但詞中有「中華民族到了最後關頭」
　　　　不妥，最好詞修改一下。

張奚若、梁思成：我覺得該曲是歷史性的產物，為保持
　　　　　　　　它的完整性，我主張曲詞都不修改。

徐悲鴻：該進行曲只能暫代國歌。

郭沫若：我贊成暫用它當國歌，因為它不但中國人民會
　　　　唱，而且外國人民也會唱，但歌詞修改一下
　　　　好些。

---

90 同註 82 引書《中華人民共和國國旗國徽國歌檔案》，頁 292。

黃炎培：我覺得詞不改好些。

田漢：我覺得該曲是好的，但歌詞在過去它有歷史意義，但現在應讓位給新的歌詞。這詞並不是聶耳寫的，我們因寫完了一段詞就被捕，因此就用聶耳名義發表。

周恩來：要嗎就用舊的歌詞，這樣才能鼓動情感，修改後唱起來就不會有那種情感。

毛主席：改還是要改，但舊的還是要。

柯仲平：我贊成用《義勇軍進行曲》暫代國歌，但希望大家去寫國歌，但不要用國歌來宣佈，在群眾考驗後再做決定。

（最後大家一致贊成用《義勇軍進行進（曲）》暫代國歌）

（毛主席、周恩來和大家合唱《義勇軍進行曲》而散會）

彭光涵

本稿未經出席人校定。[91]

以上的協商座談實錄，是一篇十分重要的歷史文獻，今試作分析如下：

一、這篇座談會的記錄是主要發言的摘錄，不是所有發言

---

91 同註 82 引書《中華人民共和國國旗國徽國歌檔案》，頁 297-298。

歷史意義，但現在應還要添新的歌詞，這詞並不是難寫的。我們因寫完了一段詞就被捕，因此仍用最早名義答表。

周思史：要嗎就用舊的歌詞，這樣才能鼓動情感，修改後唱起來就不會有那種情感。

毛主席：改還是要改，但舊的還是要。

柯仲平：我贊成用文勇軍進行曲暫代國歌，但希望大家去寫國歌，但一要用國歌來宣佈，在解放以後驗後再做決定。

（最後大家一致贊成用義勇軍進行進暫代國歌。）

（毛主席周朝恩来和大家合唱義勇軍進行曲爾而散會。）

光。　　到彪禮
本記錄未經田在浩人校文。

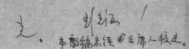

記錄國歌誕生的檔案，出自《中華人民共和國國旗國徽國歌檔案》（中央檔案館編、中國文史出版社 2014 年出版）。

的實錄。

二、秘書彭光涵十分負責，在記錄完畢後聲明：「本稿未經出席人校定」，但我們相信與原來的發言相差不會很大。其中有作「×××」的地方，在下面有塗去的「黃炎培」名字，經查核不是黃炎培的發言，但又不知是誰的講話，便用上「×××」作代，可見其盡責之處。

三、最後記錄的發言人柯仲平，出席者名單不具其名，可能是漏記，又或者是中途出席。

四、田漢是《義勇軍進行曲》的詞作者，他不好意思投自己一票，但點出歌詞有其歷史意義，如今要成為國歌，願意「讓位給新的歌詞」。這樣的發言，表現出田漢識大體、夠風度。

五、周恩來全力支持沿用舊歌詞，否則唱不出那種情感來，可見周恩來對《義勇軍進行曲》是有深度認識的。據傳聞提出修改歌詞的人認為：新中國成立了，歌詞「中華民族到了最危險的時候」是否還適用？周恩來不同意，很有遠見地指出：新中國還要面對帝國主義和敵對勢力的破壞、攻擊，現在誰說我們就不危險了 [92] ？

六、毛澤東的說話，有點打圓場的意思，但最後一句 ——「舊的還是要」，就被視為同意，再沒有爭議了。

七、一直有傳說討論結束，周恩來提議全體起立，由他指

---

92 同註 1 引書《我們的國歌》，頁 76。

揮帶領大家齊唱《義勇軍進行曲》。從這篇實錄來看，傳聞得到證實。

八、第六組委員從徵集國歌詞譜開始，希望徵得一首全新創作的完美國歌，結果無功而還，轉而從已經廣泛傳唱的愛國歌曲中挑選，其過程是一絲不苟、嚴肅處理，真是千挑萬選，最後選出《義勇軍進行曲》，但還是十分審慎地用作「暫代國歌」，處處表現出嚴肅、謹慎、不草率行事的盡責態度。

兩天後的 9 月 27 日，中國人民政治協商會議第一屆全體會議歷史性地召開，第六組委員提交的四個方案均獲得大會通過，它們是：

一、中華人民共和國的國都定於北平。自即日起，改名北平為北京。

二、中華人民共和國的紀元採用公元。今年為一九四九年。

三、在中華人民共和國的國歌未正式制定前，以《義勇軍進行曲》為國歌。

四、中華人民共和國的國旗為紅地五星旗，象徵中國革命人民大團結。[93]

---

93 同註 82 引書《中華人民共和國國旗國徽國歌檔案》，頁 314。

政協第一屆全體會議表決國歌的一刻，在上海國歌展示館內可以看到當時的錄影片段，今將語音筆錄，重溫周恩來主持表決國歌的實況：

周恩來以清亮的語音提議：

在中華人民共和國的國歌未正式制定前，以《義勇軍進行曲》為國歌，贊成的請舉手。請放下。不贊成的請舉手。懷疑和棄權的請舉手，哦！有一位棄權。我們現在以絕大多數通過《義勇軍進行曲》為我們現在的國歌！（場上響起雷鳴般的掌聲）

1949 年 10 月 1 日，毛澤東主席向全世界宣佈：「中華人民共和國中央人民政府今天成立了！」接著鳴放二十八響禮炮，鮮艷的五星紅旗伴隨著雄壯的國歌《義勇軍進行曲》徐徐升起，田漢的兒子田申，正參加接受檢閱的坦克車隊，向天安門行進。田申正是當年聶耳演出《揚子江暴風雨》時抱在懷中的「孫兒小栓子」。後來，田申入讀軍校，參加對日作戰的印緬戰役，解放戰爭時期，他已在華北軍區的炮兵部隊，並參加對北平的圍城。接受檢閱時，他內心無比激動，熱淚盈眶：那新的國歌，是父親田漢作詞、聶耳叔叔譜曲的，如今自己在開國大典中接受檢閱，在國歌聲中行進，那是多麼的自豪、何等的幸福啊！

赞成的请举手　请放下

1949 年 9 月 27 日，
政協第一屆全體會議
上周恩來主持表決國
歌的時刻。

【新華社北平二十七日電】中國人民政治協商會議第一屆全體會議...

中國人民政協全體會議重大決議

通過中國人民政協組織法

通過中央人民政府組織法

國都定於北平改名爲北京

國旗國歌及紀年均已確定

堅決爲解放台灣而戰
三野某部台灣籍指戰員
舉行座談擁護人民政協

中央人民

各地驛

天津將

1949 年 9 月 28 日的
《人民日報》報道國
旗、國歌及紀年均已
議決通過的消息。

在文革期間，國歌受到干擾，有一段時間，只奏《義勇軍進行曲》而不唱歌詞。1978 年 3 月，第五屆全國人民代表大會第一次會議通過了集體重新填詞，棄用田漢原作的歌詞。這集體填的詞是要表達國家在新時代的奮進。歌詞的全文如下：

前進！各民族英雄的人民，
偉大的共產黨領導我們繼續長征。
萬眾一心奔向共產主義明天，
建設祖國保衛祖國的英勇鬥爭。
前進！前進！前進！
我們千秋萬代，
高舉毛澤東旗幟前進！
高舉毛澤東旗幟前進！
前進！前進！進！

歌詞流於簡單口號化，又有個人崇拜傾向，完全不受歡迎，所以接著下來的幾年間，人們唱著國歌的新歌詞總覺得不對味，就像周恩來曾說的，鼓動不起情感來，所以很多人還是唱著喜愛的原作歌詞。

1982 年 12 月 4 日下午，第五屆人大第五次會議通過《關於中華人民共和國國歌的決議》：恢復《義勇軍進行曲》為中華

1953 年，田漢（左三）來到昆明聶耳墓前憑弔。

郭沫若、歐陽予倩、田漢、李伯釗、夏衍、陳其通歡聚一起。

人民共和國國歌，撤銷本屆全國人大一次會議的關於中華人民共和國國歌的決定。決議剛通過，全場響起熱烈的掌聲。與會的八十三歲全國政協常委夏衍老人尤其激動，這位曾和田漢、聶耳一起戰鬥過的文藝界老前輩，接受新華社記者鄒愛國訪問時，深情地回憶了近半個世紀前《義勇軍進行曲》誕生的經過，以及牽動人心的詞曲。以下是鄒愛國的報道：

「一支好的革命歌曲的力量是難以估量的。」夏老揮著手臂說。《義勇軍進行曲》誕生後，迅速響遍祖國大地。無數革命志士在衝鋒陷陣時唱著它，在陰暗潮濕的黑牢裏唱著它，在走向敵人的刑場時唱著它，在街頭同國民黨反動派搏鬥時唱著它。在抗日戰爭中、在解放戰爭中，它都起了巨大的鼓舞作用。它在人民心中保持了強大的生命力。

老人稍作停頓，平靜了一下心情接著說：「無論你走到哪裏，在全世界，只要你聽到它那振奮人心的旋律，你就會感到這是中華民族的歌，是偉大新中國的象徵，一種民族的自豪感油然而生。」

夏老感慨地說：「新中國成立前夕，中國人民政治協商會議一致通過決議，在國歌未正式制定前，以《義勇軍進行曲》為代國歌，這體現了全國各族同胞的心願。可是文化大革命開始以後，歌詞不讓唱了，因為田漢在被打倒之列。」

談起十年內亂的遭遇，夏老的心情沉重。他接著說：「1978年受『左』的思想的影響，改定國歌歌詞，各方面對這一直有不同意見。這次全民討論憲法修改草案中，各地各方面要求恢復國歌的原來歌詞，確定《義勇軍進行曲》為國歌。現在人代會決定恢復國歌原詞，意義深長，我舉雙手贊成！」

談到這裏，夏老的聲調高了起來：「人們唱著《義勇軍進行曲》，不會忘記這首歌詞、歌曲的作者田漢和聶耳，不會忘記祖國過去受侵略、受壓迫的苦難，不會忘記拋頭顱、灑熱血的英勇鬥爭，不會忘記今天的社會主義江山來之不易。唱著它，我們會居安思危，會鼓舞著我們前進，前進，沿著黨的十二大指引的航向，為開創社會主義現代建設的新局面，不斷前進！」[94]

夏衍是《義勇軍進行曲》的催生者，是田漢、聶耳的上司，又同時並肩作戰，可惜他們先後離世，剩下他為捍衛《義勇軍進行曲》的詞譜繼續苦鬥。今一旦恢復原詞，夏老當然感慨萬千，將心坎內的說話，盡情傾訴。

到了2004年3月14日，第十屆全國人民代表大會第二次

---

[94] 參見鄒愛國著〈我們萬眾一心，前進！——夏衍談《義勇軍進行曲》〉，發表於新華社北京1982年12月4日電。此文後來入選《新華社建社七十五周年紀念文叢》。

會議在北京舉行，通過提交的《中華人民共和國憲法修正案》，在憲法第一百三十六條增加一款，接成「第二款：中華人民共和國國歌是《義勇軍進行曲》。」

《義勇軍進行曲》創作於白色恐怖年代，吹響抗日戰爭的號角，在戰火中傳唱，在大後方高唱，聲蜚海外，聞者動容感奮，在讚譽聲中選為暫代國歌。文化大革命期間，雖然只奏不唱，乃至後來改換歌詞，但人心所向，很快就恢復原創歌詞。經歷這樣漫長、苦澀的考驗，加上十三億知音人的支持和愛戴，《義勇軍進行曲》獲得通過，寫入憲法，成為國歌，不再是代國歌，充分顯示出眾望所歸。田漢作詞、聶耳作曲的《義勇軍進行曲》是中華人民共和國國歌的不二之選。

國歌是一個國家的象徵，必須受到尊重。在國與國的交往中，很多場合都會奏放國歌。這個時候，無論聽到外國的或者是自己祖國的國歌，作為現代文明人，都應該起立肅靜。如果是自己的國歌，可以同聲齊唱，以示尊重，也是一種社交禮儀；不管你對與會的國家在情感或其他方面有什麼糾葛，也得起立肅靜。但社會上有部分人可能不是很習慣這種禮儀，在奏放國歌時，散漫懶理，沒有肅立，甚至做出侮慢的舉動，令人搖頭生厭。

一生投入軍樂演奏、目前指揮演奏國歌最多的指揮家于海，很自豪中國有《義勇軍進行曲》成為國歌，因為外國的同

行音樂家也稱讚中國的國歌是世界上最好聽的國歌之一。而于海又是十分熟悉國歌禮儀的研究者，他回憶起二十世紀九十年代在國外演出，很多國家的觀眾在本國國歌響起時，或立定注目，或右手捂在胸口，那種虔誠令人肅然起敬。但中國國民卻比較缺少這樣的意識，國歌響起，仍然我行我素，好像不知道自己是中國人似的。他又很不滿意在一些大型活動奏國歌時，國人有的不肅立、不脫帽、軍人不敬禮，有的東張西望、交頭接耳，表現出對國歌的不尊重 [95]。

于海參考了外國對國歌所表現的儀禮，決心要在中國推動為國歌立法。他眼看《國旗法》和《國徽法》都已實施了二十多年，沒有理由不為國歌立法的。2008 年，于海當選為全國政協委員，他馬上為爭取國歌立法提出建議：一、將國歌的正式文本、演奏或演唱場所與時間、製作與發行以及對侮辱或肆意破壞國歌形象的懲治等內容進行立法；二、針對國歌的違法犯罪，應在行政法、刑法中得到體現，如隨意播放國歌、隨意增刪歌詞和樂譜、肆意改編國歌音樂等行為應及時制止，嚴重者追究其法律責任；三、進行公民的國歌與憲法意識的教育。他又特別提到個別運動員在演奏國歌時起立不迅速、注意力不集中、姿態不端正等問題，應認真教育和訓練，使其增強對國家

---

95 同註 1 引書《我們的國歌》，頁 152。

與民族的意識 [96]。

在各方面的推動下，2017 年 9 月 1 日，第十二屆全國人大常委會第二十九次會議，以一百四十六票贊成、一票棄權，表決通過了《中華人民共和國國歌法》，並公佈於同年的 10 月 1 日起在內地正式實施。2017 年 11 月 4 日，第十二屆全國人大常委會第三十次會議決定將全國性法律《中華人民共和國國歌法》列入《中華人民共和國香港特別行政區基本法》附件三和《中華人民共和國澳門特別行政區基本法》附件三。根據香港特別行政區和澳門特別行政區基本法的規定，列入附件三的全國性法律，也必須在特別行政區實施。因此，香港和澳門應按照法律程序，將《中華人民共和國國歌法》列入基本法附件三，並進行本地立法，予以實施。

全國人大常委會審議通過的《中華人民共和國國歌法》，主要內容有：

一、中華人民共和國國歌是中華人民共和國的象徵和標誌；

二、一切公民和組織都應當尊重國歌，維護國歌的尊嚴；

三、奏唱國歌時，在場人員應當肅立，舉止莊重，不得有不尊重國歌的行為；

四、國歌不得用於或者變相用於商標、商業廣告，不得在

---

96 同註 1 引書《我們的國歌》，頁 174-175。

私人喪事活動等不適宜的場合使用，不得作為公共場所的背景音樂；

五、中小學應當將國歌作為愛國主義教育的重要內容；

六、在公共場合，故意篡改國歌、曲譜，以歪曲、貶損方式奏唱國歌，或者以其他方式侮辱國歌構成犯罪的，依法追究刑事責任。

香港特別行政區政府和澳門特別行政區政府深明《國歌法》的重要，即於 2018 年啟動本地立法程序。同時，港澳兩地的特區政府還會加強推廣宣傳國歌的歷史和意義，並在學校展開國歌的教育，讓學生、年青人認識到國歌可以激勵自己的民族，團結奮勇向前。當然，作為現代人，還要懂得尊重外國人士的國歌。

為民請命、孤燈自明滅

隨著國共合作抗日，田漢獲准離開南京，重獲自由。他再投入筆戰，辦報和撰寫劇本，繼續號召民眾，共赴國難，抵抗敵人。他送子（田申）上前線，題詩共勉：「莫負平生志，田家父子兵。」日本敗降，田漢回到上海，即創作《麗人行》話劇，塑造出三個不同類型的婦女，在重重困難中，承當著一個民族

的劫運[97]。話劇連演二十六天，五十多場都爆滿，改編成電影，又大獲成功。

這時，國共談判破裂，中共駐滬辦事處撤離上海。為做好團結戲劇界、統戰文化人的工作，上海文化界於 1947 年 3 月 13 日舉辦「田漢五十壽辰暨創作三十周年紀念會」，藉田漢的名望，通過祝壽活動，擴大影響，壯大聲勢，蒞臨人士超過千人，來賓包括：德高望重的民主老人沈鈞儒、柳亞子；左翼文化界代表人物郭沫若；作家葉聖陶；京劇名伶梅蘭芳、周信芳；話劇界名士洪深、熊佛西、唐槐秋、應雲衛、曹禺，以及顧夢鶴、白楊、舒繡文、張瑞芳、秦怡等一批明星演員，就連國民黨在上海文化界的頭面人物潘公展也出席了。

慶賀會由洪深主持，他稱讚田漢是一個「打不怕、罵不怕、窮不怕、寫不怕的硬漢子」。

郭沫若在致辭時，更大讚這位同道：「壽昌（田漢），不僅是戲劇界的先驅者，同時是文化界的先驅者 …… 中國各項新興的文化部門中，進步得最為迅速而且有驚人成績者要數戲劇電影，而壽昌在這兒是起著領導作用的 …… 壽昌是一個精力絕倫的人，為了前進的事業，為了能服務大眾，他比任何人都能夠

---

97 同註 27 引書《我的父親田漢》，頁 124。

吃苦，衣食住就到最低的水平……⁹⁸」

郭沫若又揮毫寫下頌詞：「肝膽照人，風聲樹世，威武不屈，貧賤難移，人民之所愛戴，魑魅之所畏葸，莎士比亞轉生，關馬鄭白難比，文章傳海內，桃李遍天涯，春風穆若，百世無已⁹⁹。」

接著，葉聖陶獻了詩，其中有句：「眾體兼收時出新，貫之以一為人民。」沈鈞儒亦寫了祝壽詞，頌揚田漢「在文化上、戲劇上的貢獻，是值得寶貴重視的」。

田漢受到眾星捧月般的讚頌，似達到榮譽的巔峰，但最重要的是爭取了許多文化人站到左邊的陣營。

新中國成立之後，田漢成為全國劇協的領導人，創作減少了。他經常到各省市去開會，指導戲劇的發展。1953 年，田漢來到雲南，他沒有忘記要到聶耳墓前憑弔，追懷戰友。經過多次的巡訪，他在 1956 年發表了〈必須切實關心並改善藝人的生活〉。緊接著，他再發表〈為演員的青春請命〉，誠摯希望爭取到領導的關懷和支持。

創作是田漢的本行，他是萬萬捨不得的。1958 年，乘著「大躍進」的高潮，田漢也為自己定下十部劇作的創作計劃。

---

98 同註 27 引書《我的父親田漢》，頁 129。
99 同註 27 引書《我的父親田漢》，頁 127。

他接連寫了兩部歷史劇:《關漢卿》和《謝瑤環》,內容主要都是描述主人公不懼惡勢力,敢於為民請命,結局卻一反喜慶完場,反而是悲劇收場。當時,在全國引起很大迴響,尤其是《關漢卿》,幾乎獲得一致好評,譽滿梨園,成為田老晚年的一大傑作。那闋《雙飛蝶》,盡顯田漢的才情,成為不朽名作,謹錄如下:

將碧血,寫忠烈,

作厲鬼,除逆賊。

這血兒啊,化做黃河揚子浪千疊,

長與英雄共魂魄!

強似寫佳人繡戶描花葉,

學士錦袍趨殿闕;

浪子朱窗弄風月。

雖留得綺詞麗句滿江湖,

怎及得傲幹奇枝鬥霜雪?

念我漢卿啊,

讀詩書,破萬冊,

寫雜劇,過半百。

這些年風雲改變山河色,

珠簾捲處人愁絕,

田漢手書《關漢卿》劇作的曲詞

都只為一曲《竇娥冤》！

俺與她雙瀝萇弘血，

差勝那孤月自圓缺，

孤燈自明滅！

坐時節共對半窗雲，

行時節相應一身鐵；

各有這氣比長虹壯，

哪有那淚似寒波咽！

提什麼黃泉無店宿忠魂，

爭說道青山有幸埋芳潔。

俺與你髮不同青心同熱，

生不同床死同穴！

待來年遍地杜鵑花，

看風前漢卿四姐雙飛蝶。

相永好，不言別！

好一齣《關漢卿》，惹得周恩來總理癡迷，竟和田漢討論劇
情，建議改成悲劇。他認為在元朝的高壓情況，是「不讓關漢
卿和朱帘秀一道走，也就是『蝶分飛』。改成悲劇結尾 ……[100]」

---

100 同註 27 引書《我的父親田漢》，頁 158。

廣東粵劇名伶馬師曾和紅線女演活了關漢卿和朱帘秀。這是《關漢卿》的電影海報。

後來，廣東粵劇改以悲劇收場，由馬師曾和紅線女主演。粵劇團赴朝鮮交流演出，先在北京熱演，馬師曾和紅線女演得極為入戲傳神，儼如關漢卿、朱帘秀再世。田漢一連看了三次，讚不絕口，填《菩薩蠻——送〈關漢卿〉訪朝》詞，親書墨幅，贈給馬師曾、紅線女。詞曰：

　　馬紅妙技真奇絕，惱人一曲雙飛蝶。顧曲盡周郎，周郎也斷腸。盧溝波浪咽，以送南行客。何必惜分襟，千秋共此心。[101]

　　田漢十分喜歡「蝶雙飛」的結尾，但「蝶分飛」似較符合當時的境況。最後，田老不作大改動，以神來之筆，加入關、朱兩人的別離對白：

　　關說：「且忍珍珠落」，朱回答：「休教鴻雁稀」；關嘆息道：「雞聲鳴不已」，朱反而樂觀地回應：「終有蝶雙飛[102]。」

　　《關漢卿》劇本一紙風行，更被譯成英、日、俄文出版。

　　但寒風悄悄吹起，初時不易感覺到。1965 年 1 月，全國政協四屆一次會議舉行，田漢在文藝界代表的座談會上受到批

---

101 同上註。
102 同註 27 引書《我的父親田漢》，頁 159。

判。1966 年 1 月，有署名的文章直指：田漢的《謝瑤環》是一棵大毒草。同年 7 月，田漢被集中到社會主義學院接受「教育」和「批判」[103]。

1966 年 12 月 4 日，一個寒冬的夜晚，一幫身份不明的人闖入田漢家，硬將他押走。翌年初，有關方面成立了「田漢專案組」，對他進行審訊和逼供。同時，田漢全家亦受到株連，被抄家隔離，家中只剩得田漢九十多歲的母親，終日倚門盼兒歸[104]。

1975 年 5 月 29 日，「四人幫」的專案組召集田漢的家屬宣佈「結論」：判定田漢是「叛徒」，已被「開除黨籍」，1968 年 12 月 10 日死於獄中[105]。

「四人幫」倒台後，田申追查父親被逼害的情況。原來專案組要田漢交代和認罪，田漢直率表白，無罪可認，因而受到兇殘對待。後來，田漢因糖尿病、高血壓、心臟病而被送入 301 醫院，但專案組登記的姓名是「李伍」。據醫院一位護士回憶：「李伍」被二十四小時監視，警衛對他特別狠。印象最深的一點，是他被整得很傻。還聽他說過，很想回去看年邁的母親[106]。

---

103 同註 27 引書《我的父親田漢》，頁 166-168。

104 同註 27 引書《我的父親田漢》，頁 169。

105 同註 27 引書《我的父親田漢》，前言。

106 同註 27 引書《我的父親田漢》，頁 171。

1979 年 4 月 25 日，黨中央為田漢平反昭雪，召開追悼大會，來悼念的人擠滿公墓禮堂，包括當年的戰友夏衍、陽翰笙、陳白塵等，還有許多學生弟子。胡耀邦等中央首長也趕來參加，年邁的宋慶齡副主席、鄧穎超副委員長參加了整個追悼儀式，場面哀感。悼詞由沈雁冰宣讀，高度讚揚了田漢的一生。

沒有骨灰的骨灰盒，裏面放著田漢的一副眼鏡、一支鋼筆、一方印章、一本《關漢卿》和《義勇軍進行曲》[107]。

田申堅毅地向世人訴說：「父親在『四人幫』莫須有的罪狀下，受盡折磨，含憤慘死，最終骨灰無存！但這又有甚麼關係？他的精神永在[108]！」

是的，田漢精神永在，作品長存、是真不朽！

中國昆明、日本藤澤建碑紀念聶耳

聶耳魂斷日本神奈川縣藤澤市鵠沼海濱，其骨灰送還家鄉，並於 1937 年安葬在昆明西郊面對滇池的西山美人峰。

其後，雲南省的文學、藝術、音樂界人士為追懷鄉梓音樂奇才聶耳，發起建亭作紀念。1940 年底，在昆明城北螺峰山

---

107 同註 27 引書《我的父親田漢》，頁 178。
108 同註 27 引書《我的父親田漢》，頁 269。

昆明西山的聶耳墓

昆明西山聶耳墓園的聶耳雕像

巔，建成一座飛簷雲亭，取名「聶耳亭」。這裏曾是聶耳早晚練琴的地方，故選址於此。亭的左右嵌有趙式銘撰的對聯：

酒罷客將歸，翠海蒼茫斜照紫；
曲終人不見，素峰渺靄暮煙青。

抗日戰爭期間，昆明受空襲，亭子被震倒。解放後，政府撥款重建，但十年「文革」，「聶耳亭」再倒下。1980 年，政府再撥款在原址依原樣重建，使「聶耳亭」又再次挺立 [109]。遊人可以在亭間休憩，緬懷聶耳的一生。

而 1954 年中央人民政府在昆明西山重修了聶耳墓，並由郭沫若撰書碑文，上半段的頌詞是：

聶耳同志，中國革命之號角、人民解放之聲鼓也！其所譜《義勇軍進行曲》已被選為代用國歌，聞其聲者莫不油然而興愛國之思，莊然而宏志士之氣，毅然而同趣於共同之鵠的。聶耳乎，巍巍然共與國旗並壽而永垂不朽乎！[110]

---

109 同註 76 引書《紀念聶耳誕辰七十周年文集》，內收張械撰〈聶耳亭〉，頁 138。
110 同註 76 引書《紀念聶耳誕辰七十周年文集》，內收韓岡覺著〈聶耳在日本〉，頁 202-203。

昆明西山聶耳墓園

郭沫若為聶耳墓書寫的碑文

1980 年，昆明市人民政府在西山重建聶耳墓。1985 年 7 月 17 日聶耳逝世五十周年，再擴建聶耳墓園，並於墓前樹立漢白玉聶耳像，供遊人瞻仰。

第二次世界大戰終結，日本戰敗，國家重新出發，全面改革。日本一些左翼組織痛定思痛，厭惡軍國主義，認清路向，推動和平，尤其重視發展中日關係的友好工作。

1949 年秋，當藤澤市的市民知道中華人民共和國國歌的作曲者聶耳就是在鵠沼海濱遇難的，便發起募集資金，在鵠沼海濱修建「聶耳記念碑」[111]。但當年的日本政府極力反對，多方刁難，暗中破壞，使得建碑的工作困難重重。藤澤市人民頂著困難，終在 1954 年 11 月 1 日建成「聶耳記念碑」。正巧中國紅十字會代表團訪日，因而出席了紀念碑的落成儀式。

可惜兩年之後，強颱風捲起巨浪直撲鵠沼海岸，房舍和建築設施都受到嚴重破壞，「聶耳記念碑」的主體部分也被捲走。

然而，藤澤市的人民對聶耳的感情未減，敬意猶存，1963 年 6 月 1 日組成「聶耳記念碑保存會」。1965 年 2 月，再次募捐，誓要重修「聶耳記念碑」。他們請來著名石雕設計師山口文象為紀念碑作總體設計，又越洋邀請郭沫若題書「聶耳終焉之

---

[111] 日文以「記念」為「紀念」。以下藤澤市立的紀念碑皆作「聶耳記念碑」。

地」的碑銘。同時，在 1954 年第一次建碑時由曾經與聶耳有舊的左翼劇作家秋田雨雀撰寫了碑文，但秋田已逝，便請來大書法家豐道春海書碑[112]。碑文所記：

這裏是中華人民共和國的作曲家聶耳終焉之地。他於 1935 年 7 月 17 日避暑至此，在游泳時突然被海濤吞沒，成為「不歸之客」。聶耳於 1912 年出生在雲南，曾師事歐陽予倩。在二十來歲的短暫生命中，他為謳歌中國勞動大眾寫下了《大路歌》、《碼頭工人歌》等大作。現在成為中華人民共和國國歌的《義勇軍進行曲》，也是他作的曲。今天我們如果豎起耳朵，似乎仍然可以聽到聶耳那解放亞洲的樂聲吧！

這裏是聶耳終焉之地！

一九五四年十月

秋田雨雀撰

豐道春海書[113]

---

112 同註 76 引書《紀念聶耳誕辰七十周年文集》，內收韓岡覺著〈聶耳在日本〉，頁 195。

113 筆者據日本碑文譯出。其中「曾師事歐陽予倩」句，是指聶耳於 1928 年 11 月底，急於報國而參加「學生軍」，輾轉來到廣東，終因與自己憧憬的不一樣，於 1929 年 4 月離隊，考入歐陽予倩主持的演劇學校音樂班。但入學後，始知只是教授粵劇，又與興趣不合，即退學離校。不久，返回昆明。

日本藤澤市樹立的
「聶耳記念碑」

由劇作家秋田雨雀
撰、書法家豐道春
海書寫的碑文，
1965年鐫刻。

1985 年擴建「聶耳記念碑」廣場，在祭台上新增聶耳的半身浮雕像。

1965 年郭沫若題寫的「聶耳終焉之地」

藤澤市市長葉山峻於 1986 年撰寫的《聶耳記念碑由來》

9月，「聶耳記念碑」重建完竣，藤澤市數千人參加了盛大的揭幕式。

日中文化交流協會會長中島健藏先生為新落成的紀念碑撰文稱：

被議定為中華人民共和國國歌的《義勇軍進行曲》，使聶耳成為不朽的名字。但是，使聶耳之名成為不朽的決不只是這一曲之功，而且也不僅僅是因為他在短暫的一生中留下了一批音樂作品。成為他藝術活動源泉的是他對中國革命的熾烈感情和獻身精神。因此，聶耳的永垂不朽的形象才不動搖地確立起來。

聶耳被揭載在中國革命音樂史的第一頁。在言及中國革命音樂時，不能離開聶耳的名字，這是理所當然的。並且，單單稱為先驅者顯然是不夠的，不可忘記的是：聶耳和他的戰友們所開闢的道路延續至今，形成中國革命音樂發展的路線，成為中國革命音樂發展的基礎。[114]

二十世紀八十年代出任神奈川縣藤澤市市長葉山峻先生，

---

114 同註 76 引書《紀念聶耳誕辰七十周年文集》，內收中島健藏撰〈寫在聶耳紀念碑重建之時〉，頁 128-129。

一家人世代致力日中友好事業，為建立、重建和保存「聶耳記念碑」做過巨大貢獻。他的父親亦曾經是藤澤市市長，是建立「聶耳記念碑」的發起人。他的母親運用文筆為日中友好和建碑做了大量的推廣工作。葉山峻當上市長後，兼任「聶耳記念碑保存會」會長。1980 年，他率領藤澤市日中友好代表團訪華，提議藤澤市和昆明市結為友好城市 [115]。

1981 年 11 月，昆明市和藤澤市締結為友好城市的簽字儀式在日舉行，聶耳的三哥聶敘倫隨團赴日。11 月 4 日，他們的代表團一行六人，在藤澤市長葉山峻和各界人士一百多人的陪同下，瞻仰了「聶耳記念碑」。聶敘倫凝視弟弟聶耳的塑像，默默地說：

四弟啊！請你原諒，隔了半個世紀，我才到你殉難的地方來。我們是多麼懷念你啊！這束鮮花，是你的兩個哥哥和子姪們獻給你的，弟弟，安息吧！ [116]

日本藤澤市的政府和人民，不畏艱巨、不怕辛勞，建造守護「聶耳記念碑」，是值得敬佩和感謝的。中國到日本交流和比

---

115 同註 76 引書《紀念聶耳誕辰七十周年文集》，內收韓岡覺著〈聶耳在日本〉，頁 198。

116 同註 76 引書《紀念聶耳誕辰七十周年文集》，內收聶敘倫撰〈聶耳是日本人民喜愛的音樂家〉，頁 187。

賽的團體，如中國作家協會代表團、中央民族歌舞團、中國舞蹈家代表團，以及體育運動的中國乒乓球隊、中國男、女排球隊、中國體操隊等，都會專程前往藤澤市的鵠沼海濱拜謁「聶耳記念碑」，而藤澤市記念碑保存會的工作人員總是認真熱情地接待。

藤澤市還將 7 月 17 日定為當地年中行事的「碑前祭」。在這一天，「聶耳記念碑保存會」和日中友協藤澤市支部一同舉辦紀念聶耳的活動，包括專題報告、專題音樂會等。他們對聶耳那種虔敬之情，實在令人感動！

聶耳逝世五十周年（1985 年），藤澤市在記念碑前新鑄了聶耳半身像。藉著這個機會，1986 年 3 月，市長葉山峻撰寫了《聶耳記念碑的由來》，鑴刻在紀念碑前。葉山峻市長在結語時深情地說：

「深信聶耳的雕像永遠在這裏展露微笑，成為日中友好的礎石[117]。」

詞曲盡壯美、化成蝶雙飛

田漢、聶耳兩大才子，在國家危亡之秋、自身陷險之際，仍能搶時間聯手，創製出媲美法國國歌《馬賽進行曲》的《義

---

[117] 筆者據日本碑文翻譯。

勇軍進行曲》，成為不朽之作。

田漢寫《關漢卿》，最費思量的是讓獄中的關漢卿和朱帘秀唱罷「蝶雙飛」，獲准一道走，以喜劇收場；還是「蝶分飛」，以悲劇結尾。最終，田漢還是聽從周恩來總理的意見，認為元朝的衙門，是絕對不會讓二人一道走的。我忽有奇想，若將彩蝶移作田漢、聶耳，他們每當聽到國歌奏響之時，便會翩翩飛來，歡快地起舞，那也是一幕「蝶雙飛」啊！

田漢和聶耳，其命運和背景，恰似同出一條蓮心。二人都是年幼失怙，由守寡的母親撫養成人，所以侍母甚孝。緣於此，他們同樣刻苦、勤奮、好學，而且都有一顆赤子之心，為民族、為國家，忘我地筆耕譜曲。悲慘的是二人不幸身死，都一樣沒有親人、朋友在旁；離去之時，他們至愛的母親，仍朝夕倚閭而望。

田漢是被折磨而死的，具體是怎樣死也無法知道，是大不幸，其悲劇一如他自己筆下的「謝瑤環」。但願這樣的浩劫一去不返！田漢是否又能像他悼念聶耳引中國古語那樣：「有志不在年高，無志空長百歲 [118]。」

聶耳浮游鵠沼海灘，被「海龍王」召去，當年已有很多藝

---

[118] 同註 51 引書《永生的海燕 —— 聶耳、冼星海紀念文集》，頁 33，內收田漢撰〈憶聶耳〉。

聶耳終焉之地，日本神奈川縣鵠沼海濱。

友不認同、不相信。《風雲兒女》的導演許幸之，在二十年後撰文回憶聶耳，仍然覺得謎底未解：「聶耳的死，究竟是被敵人暗害，還是游泳出了毛病？到現在仍然是個謎[119]。」

1954 年 2 月，雲南省文化局維修聶耳墓，請郭沫若撰寫碑文，在結尾處，對聶耳之死，郭沫若直率地寫下：

「1935 年 7 月 17 日溺死於日本鵠沼之海濱。享年僅二十有四。不幸而死於敵國之憾無極！其何以致溺之由，至今猶未能明焉。」

至於日本方面可有研究或資料供作參考？這使我想起岩崎富久男教授來。

岩崎教授在東京明治大學講授中國現代文學，今已退休。二十世紀五十年代，他從東京遷居藤澤市，並曾出任日中友協藤澤市支部事務局局長。三十多年前，承張正琪兄介紹，因而與岩崎教授有數面之緣。當年已聞說他是少有的研究聶耳的日本學者。早在 1972 年他已撰寫《聶耳小傳》，對聶耳遇溺一事，他也作了一些調查，雖然不能算是真相大白，但仍具參考價值，謹譯如下：

---

119 同註 50 引書《聶耳 —— 從劇本到影片》，頁 435。收許幸之撰〈多年的願望終於實現了〉。

7月17日下午2時左右，（聶耳）游泳中不幸成為不歸客。翌日（18日），遺體被收容在辻堂海岸。

中國方面，因為過於痛悼戰鬥的革命音樂家之死，部分人相信聶耳是遭受日本反動派虐殺致死。筆者經過調查，藤澤警察署於戰後即把有關中國人、朝鮮人的文件焚燒處理掉，一切記錄蕩然無存。但當年曾協助警察搜尋遺體的青年團員，回顧往事時，表示聶耳的遺體並沒有可以認為是虐殺的傷痕。[120]

去年，我再去信張正琪兄詢問當年神奈川縣的報紙可有遇溺的新聞。得到的回答是「沒有！」並解釋也許當時新聞界並不知道遇溺的青年人是一位才華橫溢的音樂家，便沒有報道。

許幸之問：「聶耳的死，究竟是被敵人暗害，還是游泳出了毛病？」

這一問，使我想到聶耳那「腦溢血病」來。原來聶耳在明月歌劇社時，一次玩單槓「倒掛金鉤」，不小心失手摔倒在地，昏了過去，從此留下一個經常頭痛、犯暈的病根。

1933年，聶耳在南京路拍《人生》外景時，突然病發暈

---

120 參見岩崎富久男撰〈聶耳小傳 —— 中國國歌作曲者の生涯〉，收錄在《明治大學教養論集》通卷77號，1973年1月出版，頁140。

1933 年冬，聶耳養病期間郊遊。

倒，需送院治療。聶耳在 9 月 12 日的〈日記〉追記：

「8 月 30 日在南京路永安公司門口發神經病，被送到仁濟醫院住了七天。醫生說是腦沖血，叫我不要把這病看輕。曾請了一個神經病專家來和我醫治……9 月 6 日出院，9 日搬了新家。請假一月，沒有薪水……[121]。」

10 月 19 日又記：

「腦病！纏了一個月，生活發生恐慌[122]。」

同時，聶耳在寫信給母親時也談到昏倒的事：「8 月 30 日在永安公司門口昏倒，仁濟醫院出來，醫生說需要長時期的休息，至少六十天，院長寫了一封證明信給公司，算是請准了假[123]。」

蔡楚生回憶與聶耳一同工作時也提到：「聶耳的腦部，過去不幸因曾兩度摔傷，一到深夜，血液上升，他就脹得滿臉通紅和感痛苦不堪。往往在這時他總嘆著：『我的腦袋要爆炸了！』[124]」

如果聶耳不是被敵人暗害，郭沫若在碑文中問「何以致

---

121 同註 46 引書《聶耳全集》下卷，頁 513。

122 同上註。

123 同註 46 引書《聶耳全集》下卷，頁 141。

124 參見蔡楚生撰〈回憶聶耳〉，收錄在《永生的海燕 —— 聶耳、冼星海紀念文集》，頁 66。

溺？」那麼聶耳的「腦溢血病」是否可以作為參考呢？當然，作為參考並不就等於確證，仍有待分析和研究。

田漢、聶耳攜手創作出《義勇軍進行曲》這首戰歌，旋律雄壯，歌詞容易上口，大家不期然齊唱「起來！」一同「前進！」，因而受到中外知音人士的尊崇，最終獲推選為中華人民共和國國歌。雖然曾經受到「四人幫」的干擾，但《義勇軍進行曲》這首國歌，仍然莊嚴地奏唱起來！

餘音 —— 友好的旋律

日本自炸鐵路，陰謀策動「九・一八」事變侵華。東北民眾組成義勇軍反抗，全國起來支持抗日救國，並有抗日電影《風雲兒女》的拍攝。電影劇本和主題歌詞由曾經留學日本的田漢撰寫，同時主題歌由聶耳譜成激昂奮進的《義勇軍進行曲》，最後審音定曲也是在日本，只是萬分不幸，聶耳竟魂斷綠波。戰後，日本先後由民間組織和藤澤市長立碑紀念聶耳。日本人十分清楚知道聶耳是創作抗日歌曲的音樂家，他們又有何需要在自己的國家來立碑紀念他呢？這是筆者經常被問到的問題。

為了解答好這個問題，我希望可以親耳聽一聽日本藤澤市的「聶耳記念碑保存會」方面的回答。於是聯繫了住在藤澤市的老友張正琪兄，請他為我約見專研聶耳五十多年的岩崎富久

男教授，然後飛赴東京。

5月13日（星期天）清晨8時，我從新宿乘搭小田急線特快列車直奔藤澤市鵠沼海岸驛站。是日陰晴不定，據天氣預報中午過後會來大驟雨。列車高速奔馳，僅四十分鐘就掠過我留學時代住過的相模大野。9時18分，列車準點停靠鵠沼海岸驛站。甫步出檢票口，接車的張正琪兄即迎了上來，我們高興地握了手，為了不遲到，也不再寒暄，張兄領著我穿過清靜的小道，走向藤澤市市民會館。才五分鐘便至，馬上看到年已八十四歲的岩崎富久男教授堆著笑容來迎，我忙上前親切地和他握著手，說：「啊，我們已三十多年沒見啦！教授還是挺壯健呢！」岩崎教授答：「時間過得真快，我已退休很久了！」說著，他拉我坐下：「你這次來訪，張君已告訴我是什麼事，為此，我多約一位朋友來，可以回答你的問題。」話音剛落，他的朋友從外面走進來，岩崎教授即介紹：

「這是『聶耳記念碑保存會』的事務局長古橋宏造先生。」

我們交換了名片，簡單地各自自我介紹之後，我開始提問：

「藤澤市為何要樹立『聶耳記念碑』呢？我相信你們是知道他創作了很多抗日歌曲的，但建碑的動機是什麼呢？」

古橋先生微笑回答：

「是為了友好，是為了日中友好！」他指著他的名片：「你看，名片不也寫著『聶耳架起了友好的橋梁』嗎？」他歇了一

筆者和岩崎富久男教授（右）在「聶耳記念碑」前合影

筆者與「聶耳記念碑保存會」古橋宏造事務局長合影

古橋宏造事務局長名片上印著「聶耳架起了友好的橋梁」

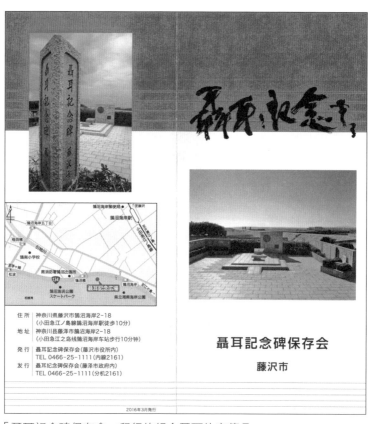

住　所　神奈川県藤沢市鵠沼海岸2-18
　　　　（小田急江ノ島線鵠沼海岸駅徒歩10分）
地　址　神奈川县藤泽市鵠沼海岸2-18
　　　　（小田急江之岛线鵠沼海岸车站步行10分钟）
発　行　聶耳記念碑保存会（藤沢市役所内）
　　　　TEL 0466-25-1111（内線2161）
发　行　聶耳纪念碑保存会（藤泽市政府内）
　　　　TEL 0466-25-1111（分机2161）

2016年3月発行

聶耳記念碑保存会

藤沢市

「聶耳記念碑保存會」印行的紀念聶耳的宣傳品

會再說：「當然，我們也非常欽佩聶耳的音樂才華，剛巧他又不幸在這裏遇溺成為不歸客。所以我們藤澤市便發動募捐集資來樹立記念碑。」

「建碑時可有遇到一些阻力或者是反對之聲？」

岩崎教授以其文雅的聲調答道：「反對之聲當然有，那是避免不了的，特別是一些陣亡軍人的後人，他們組織了遺族委員會，對建碑當然不滿，也想阻止。」

接著，古橋先生介紹當《義勇軍進行曲》成為中華人民共和國國歌之後，他們是怎樣知道聶耳就是中國國歌的作曲者的經過：

「1950 年 6 月 16 日，中國出版發行的 *People's China* 雜誌，其內刊出徐遲撰寫的 *Nieh Erh──People's Composer* 文章。當時住在藤澤市的福本和夫（前日本共產黨中央委員）讀到此文，一面請葉山冬子來翻譯，一面查核事情的真確。1954 年，藤澤市金子市長和藤澤商工會議所、鵠沼商工會、觀光協會等的主事者，以及日中友好協會藤澤市部和市議長青木保二郎、葉山冬子議員等，發起組織『聶耳記念碑建設會』，由市政府撥出部分捐贈金，再從其他社團和市民中募款，然後在同年的 11 月 1 日舉行落成的揭幕典禮。適逢中國紅十字會會長李德全女士率團來日，便邀請李會長前來鵠沼海濱一同主禮。」

談到這裏，大家都不約而同地說趁天還沒有下雨，趕快去「記念碑」憑弔聶耳。

張正琪兄有事先離去。岩崎、古橋二老本是騎自行車的，因我沒有車，他們推著車伴我步行前去，令我有點過意不去。我們邊談邊走，不消十分鐘，便來到「聶耳廣場」。

廣場靠北盡處立有四方型紀念碑，碑石的左上方嵌有浮雕的聶耳半身像。碑前有由山口文象設計的「耳」字型花崗石祭台，右側除了郭沫若和豐道春海分別揮毫書寫的「聶耳終焉之地」和碑文（見前面介紹）外，又有 2010 年增置的「聶耳生平」和「聶耳記念碑保存會的活動」的中文碑記。迨 2012 年，聶耳誕辰一百周年，昆明市贈送了「一曲報國驚四海；兩地架橋惠萬民」的對聯碑刻。

因早上匆匆出門，花鋪也未開店，憑弔無花束，只有深深鞠躬以表敬意，岩崎、古橋二老也陪著一起鞠躬。對這兩位大半生從事中日友好工作的先生，實在感佩萬分！

古橋事務局長在碑前擺著手說：

「每年的 7 月 17 日，即聶耳遇溺這一天，我們都會在這裏舉行『碑前祭』，這已成為藤澤市的年中例行紀念活動。在這一天，日中友好的團體、有心的市民，以及中國大使館的代表，一同來到碑前獻花致敬，其間也會奏起聶耳創作的歌曲。在逢五、逢十周年的日子，紀念活動更加隆重，包括專題報告、專題音樂會和展覽會等，同時也會跟昆明市舉辦互訪活動。」古橋先生還認真地問：「你會來參加『碑前祭』嗎？」

這一刻我切實感受到他們對聶耳是充滿著一種虔敬之情。這種精神，相信一定會堅守下去、流傳下去的！

　　我想：日本倘能事事以此作楷模，正視歷史，坦誠行事，減少猜疑，取信中國，那麼中日關係當可正常發展，世世代代友好下去！

附一：追訪有關聶耳遇溺的日本資料

　　這次飛赴日本，重訪藤澤市，除了要清楚了解藤澤市建立「聶耳記念碑」的原意之外，另一個目的是要搜訪有關日本研究聶耳遇溺的資料和報告。

　　我在「聶耳記念碑」前聽完古橋事務局長的講解後，移步登上鵠沼橋。其時，風大雲厚，我們就讓岩崎教授在聶耳廣場邊等我們。教授打趣地說：「我在這裏當個看守行李的！」

　　鵠沼橋架在引地川出海河口之上。河口西側是鵠沼海濱公園；東側是縣立湘南海岸公園，兩個公園的前面是一大片沙灘，也就是弄潮兒、滑浪者愛到的鵠沼海濱浴場。在晴好的日子，向西南方遠眺，可以看到雄偉的富士山；東南面則有江之島浮現眼前。極目南望就是太平洋，近岸呈灣狀海岸便是相模灣。

　　我們登臨鵠沼橋時，風勢頗狂，稍有涼意，海灣翻起白浪，隨著濤聲湧上沙岸，但仍有人在浪濤中暢泳。

　　古橋先生指著西面的海灘說：「在那邊游泳要小心，因為海床不平，也有暗湧，所以每隔兩三年就會有泳客遇溺，算是危險多發的海濱。」

　　我在橋上照了幾張相，就回到聶耳廣場，匯合岩崎教授，一同重返市民會館。古橋先生帶我進入「鵠沼鄉土資料展示室」，介紹運營委員會內藤喜嗣副委員長給我認識。他展示了

一些有關聶耳的資料，並因應我的要求，將資料影印給我，這是十分感謝的。

時近中午，古橋事務局長要回去了，我謝過他。岩崎教授請我到一間華僑開的小餐館去，吃了一頓清爽的鍋巴，然後轉往咖啡店，安靜地坐下來，開始我的訪談工作。

聶耳廣場上的中日文碑刻

2011 年昆明市贈送給藤澤市的對聯碑刻

首先我再一次尋問建立「聶耳記念碑」的動機，教授同樣說：「主要是為了日中友好！」

　　我接著問：「教授在 1973 年 1 月發表的〈聶耳小傳〉，最後一段談到你曾經調查過藤澤的警察署，他們在戰後把有關中國人、朝鮮人的文件焚燒處理掉，一切紀錄無存。但你鍥而不捨，追訪了曾協助打撈聶耳遺體的青年團員[125]，請他們憶述當年的情況。現在這些青年團員都已經作古，教授可以說是唯一採訪過他們的人，你可否再詳細講述一下採訪的情況嗎？」

　　岩崎教授拿出便條紙來，一邊說，一邊把要點寫出來：「那大概是 1962 年（筆者註：距聶耳遇溺之後二十七年），我在藤澤市的商店街，即外面那條銀座路，挨家挨戶地查詢，終於給我找到三位曾協助搜尋聶耳遺體的青年團員。其中有漁民之子，因此對海流熟識。發現聶耳遺體的地方是辻堂。那個地方的海床有些斜陷不平，頗為危險。我也愛游泳，所以知道的。據青年團員憶述，聶耳的遺體沒有虐殺過的傷痕，僅在口角有一些血滲出，確實是遇溺致死。其時，屍體上已有海蟲（岩崎先生特意在紙上寫上「海蟲」二字，並標注平假名）。」

　　聽到這裏，我跟岩崎教授說：「根據聶耳及其好友蔡楚生等

125　日本在一些地方的區域設立青年團，用意是培訓青年團員早些適應群體的生活，和睦相處，互相勉勵，提升個人修養，繼而服務社會。可惜後來被軍國主義者利用，成為他們的工具。

的回憶，聶耳是有『腦沖血』的病歷，原因可能是在明月社時玩單槓掉了下來，頭撞在地面上得來，所以常會頭痛，曾有過突然暈倒送入院的緊急情況。如果在游泳時突然發病，這就凶多吉少了！這有可能嗎？」

「啊！你這個研究也是很有啟發作用的。」教授沉思了一會：「你也使我想起當年訪問昆明的時候，曾聽過聶敘倫講述聶耳在年幼時到滇池游泳，幾乎遇溺，幸獲救還的往事。另外，我訪問上海，當年聶耳的老朋友也憶述和聶耳一同游泳，看見他的泳術不精，曾加以照顧。聶耳的朋友還嘆息說，他出事那天，倘若有我們在，一定可以把他救回來！」

世事難料，不應發生卻偏要發生，惟嘆「天妒英才」，令人扼腕！

我的訪談至此，已是下午 1 時許，是要辭別的時候了。天已下起雨來，岩崎富久男教授堅持送我到車站，深情地揮著手道別，真有點依依不捨……

岩崎教授介紹我參考齊藤孝治著的《聶耳閃光の生涯》（日本聶耳刊行會發行，1999 年出版），讓我讀到不少有關聶耳遇溺時的一些資料，現譯介如下：

當年聶耳不幸魂斷鵠沼碧海，接待聶耳入住其家的濱田實弘全力協助搜索。其後，他將事發當日和撈起聶耳遺體的過程，撰成報告書。是年（1935 年）12 月 31 日，張天虛和蒲風

為紀念聶耳，在東京出版了《聶耳紀念集》，收錄了由張天虛翻譯的濱田報告書，文章題名：〈聶耳遭難時之情形〉。反過來，濱田的日文原件卻沒有存留下來，因此，張天虛翻譯的〈聶耳遭難時之情形〉成為有關聶耳遇溺的最重要文獻。

二十世紀九十年代，齊藤孝治聯繫上濱田實弘，說明要採訪他，請他再詳談當年不幸的事故。濱田也答應了。可惜在 1997 年 9 月，濱田因癌病急變而離世，使這個「黃金訪問」永遠也不能實現。

齊藤孝治又想到和聶耳一同游泳的濱田外甥松崎厚，他仍然健在，於是請他回憶當年的情況。

事發於 1935 年，松崎厚九歲，接受採訪這一年他七十一歲。松崎厚的舅父濱田實弘和叔公松崎國雄都是舞台的燈光師，受此影響，他也成為燈光設計師。很受聶耳喜愛的松崎厚，詳細道出六十年前的如煙往事：

「入海游泳之際，我頗長一段時間陪在聶耳身旁。該處水深在聶耳胸口之下。我們二人或浮游、或潛水。

「潛水的時候，聶耳一定閉目和用手指按著耳、鼻，吸一口大氣，然後蹲下水中潛游，當浮上水面時，『呵、呵』的大力吸氣，不停地用手抹著臉。跟著就很得意地對著我笑，十分歡快的樣子。

「後來，舅母秀子喚我到她那邊的淺灘一起游泳。因此，聶

日本研究聶耳的著述

耳遇溺那一刻的情況，我並不清楚[126]。」

　　同樣是舞台燈光師的朝鮮人李相南，當日也和聶耳一起到鵠沼游泳。事發後，他慌忙地打電話告訴比他年長的大坪重貴。大坪也跟聶耳認識。據大坪的回憶：

　　「接到李君的來電，知道聶耳遇難，當下的衝擊，現在仍然記得真是感到『震驚！』而且悲痛萬分。聶君是外國人，一定要把事情處理好，為此，我指示李君：馬上叫聶君的朋友跟中國的親友聯繫！

---

126 齊藤孝治：《聶耳閃光の生涯》，東京：日本聶耳刊行會，1999 年，頁 563。以下所引本書內容均為筆者據意譯為中文。

「（大坪趕到藤澤市）也不到濱田家去，直接趕到海灘，不久就見到兩位中國人（張天虛、冀林），大家交換了名片。於是我就請他們接辦善後之事。

「由於打撈遺體毫無頭緒，當日我獨自一人先行返回東京，後來的事情交給他們去處理了。

「聶君真是一位有為的青年，很想深交下去 …… [127]」

濱田實弘的報告書中有談到：「對遺體的處理，因事關外國人的事，我們不能作主去做。」看來，濱田等日本人是按照年紀最大的大坪重貴的指示，然後作出這個決定。

「藤澤警署在 18 日作的驗屍結果，死因是窒息。當初，張天虛等人希望交由橫濱的中華民國領事館來全權處理。但領事館的態度就如〈聶耳遭難時之情形〉所說，因為聶耳來日沒有辦理正式（登記）手續，所以拒絕處理。

「不但是張天虛，還有很多中國留學生都一同抗議，但他們都沒有回應。藤澤町長大野守衛根據警方完成的死因結果，即於 18 日發出殯葬許可證。如果可行的話，遺體便葬在橫濱中區地藏廟的中華民國墓地。但中華民國領事館拒不辦理。在情急之下，便把遺體送到藤澤火葬場火化。

「遺骨一度運到濱田家，其後才由張天虛領回他租住的梶原

---

127 同上註引書《聶耳閃光の生涯》，頁 563-564。

家安放。

「那個時候，濱田實弘、秀子等在聶耳作客住過的房間，特意設了祭壇，以小提琴供奉，作為對一位天才英偉而又可親的青年人表示最後的惜別。厚也面向聶耳的遺骨合十禮拜[128]。」

就聶耳的死訊，當年的《朝日新聞》作了簡單的報道：

「（7月18日社會版面）民國學生溺死？（藤澤電話）：東京神田今川小路中華民國青年會寄宿舍學生聶守信（二十四），於16日下午2時左右，在神奈川縣鵠沼海水浴場游泳失蹤，現在藤澤（警察）署正進行搜索[129]。」

以上報道，有兩處誤報：一、聶耳不是住在宿舍，而是住在張天虛租住的梶原家；二、事發時間不是16日，而是17日。

後來屍體撈起，中華民國領事館拒絕辦理等的消息，報紙都沒有進行跟進報道，相信當時日本並不知道溺死的是一位中國天才音樂家，以致年底的12月21日，《朝日新聞》才刊出秋田雨雀的文章——〈在日本的支那現代劇〉：

……有現代中國天才作曲家之稱的聶耳，今年7月17日在前赴巴黎留學途中，前往神奈川縣鵠沼海岸游泳時遇

128　同上註引書《聶耳閃光の生涯》，頁566。
129　同上註引書《聶耳閃光の生涯》，頁567。

溺，這在日本一般的社會人士當然不知道，就連演劇藝術家、音樂家也不知道。但聶耳在日本遇難，在中國的藝術界以及一般的人士對此都感到非常震驚。我最近接連聽了他的唱片兩次，雖然不明白曲中含意，但真實感受到樂曲是強而有力的。[130]

另外一個關鍵人物李相南，他的情況怎樣？據岩崎富久男教授以及齊藤孝治的著書所述，他回朝鮮之後，就音訊全無。齊藤在其著書《聶耳閃光の生涯》的最後一頁寫道：「李相南早前已預定成為（朝鮮）京城國立劇場的照明主任。他委託大坪重貴將其藏書寄送回京城。但日本戰敗後，在一片動亂中，李相南音訊全無。有說是進了朝鮮民主主義人民共和國繼續從事其照明工作，但具體情況不得而知。」

隨著聶耳遇溺時的有關人物全部離世，他人生最後的一天亦告落幕，但他光輝的一生，仍然閃耀著，他的音樂旋律，還是遠近可聞，永遠被傳唱！永遠、永遠……

---

130 同上註。

附二：出席藤澤市的「碑前祭」

2019 年 7 月 17 日，我踐約飛抵藤澤市，出席日本藤澤市一年一度紀念聶耳的「碑前祭」。

猶記去年（2018 年）5 月 13 日，我到藤澤市搜訪資料，古橋宏造事務局長在「聶耳記念碑」前為我講述建碑的艱辛史，道出每年 7 月 17 日聶耳遇溺的這一天都會舉行「碑前祭」。他還認真地問我：「你會來參加嗎？」當時，我稍為猶豫，沒有爽然回答。

去秋，《"起來！"我們的國歌》香港版出版了。我將新書寄呈岩崎教授和古橋事務局長，受到他們的稱許。今年初，當知道拙著將會刊行內地版時，我不禁想起今年正值建國七十周年，也即是《義勇軍進行曲》成為中華人民共和國國歌進入第七十年，何不趁此機會，飛赴藤澤市，參加「聶耳記念碑」的「碑前祭」，然後將這天的祭祀活動補上有意義的一筆，為內地版增添動人的一頁，相信讀者也一定高興。

7 月 17 日前夜，我從關西乘搭新幹線馳至新橫濱站，再轉東海道線抵達藤澤市。我租住了車站前的相鐵酒店。

連日來陰雨，雨勢有時頗大，間中更打雷。明日的天氣會是怎樣？大家都在擔心。

7 月 17 日晨早 8 時半，約好了岩崎富久男教授和張正琪兄在鵠沼海岸車站集合，大家都準時來會，隨即移步海邊，向著

日本藤澤市每年 7 月 17 日在「矗耳記念碑」前舉行「碑前祭」

日本藤澤市鈴木恒夫市長致辭

中國駐日大使館政治部公使參事官楊宇致辭

日本藤澤市消防音樂隊演奏《義勇軍進行曲》

聶耳廣場方向走去。其時，天色明亮，因連日多雨，驅走了暑氣，感覺甚為舒服。我們邊走邊談，帶點興奮，歡快非常。

「碑前祭」於上午 9 點 30 分舉行，我們 8 點 45 分已抵達。藉此空檔時間，厚誼隆情的岩崎教授拉著我，介紹日中友好人士和學者給我認識。其中有神奈川縣日本中國友好協會理事小松碧、藤澤市都市親善推進員高木麗子和岡崎雄兒教授，更有田漢姪女田偉的丈夫李明曉。李明曉熱情地說：「可惜田偉這次沒有來，你送我的書我會轉給她看，她一定很高興！將來再介紹你們認識，多作交流。記緊保持聯繫啊！」

「碑前祭」即將開始，陰雲漸散，天色稍為放晴。其時，嘉賓魚貫而至，或列坐，或站立，總計有三百多人。

「碑前祭」由事務局長古橋宏造主持。首先由「聶耳記念碑保存會」渡邊均副會長宣佈「碑前祭」開始，繼由「保存會」會長渡邊光雄致開會辭，又請藤澤市鈴木恒夫市長致辭。

接著古橋事務局長介紹主要賓客，包括：

中華人民共和國駐日大使館政治部公使參事官楊宇以及政治部參事官倪健和其他九名使館人員，藤澤市議會加藤一議長、藤澤市教育委員會平岩多惠子教育長、藤澤市都市親善委員會增田隆之會長、湘南日本中國友好協會柳田秀憲會長、神奈川縣日本中國友好協會上島保則副會長等。

來自雲南、在今年舉行的「彩雲基金日本語演說比賽」勝

出的兩位大學生在掌聲中起立，她們是雲南大學二年級學生王明宇和雲南師範大學三年級學生胡欣雨。同時也介紹了筆者。

緊接著古橋事務局長請楊宇公使參事官作為來賓代表致辭。楊公使簡述聶耳的一生和那個戰火的年代，並感謝藤澤市舉辦這樣一個別具意義的「碑前祭」。

接著下來是全體起立，面向聶耳雕像默禱。默禱完畢，即由藤澤市消防音樂隊演奏中國國歌《義勇軍進行曲》。

最後是獻花的儀式。與會者排著隊順序來到碑前鞠躬、獻花，獻花、鞠躬⋯⋯

藤澤市的「碑前祭」，規模雖然比較小，但感覺仍然是莊嚴有序的；演奏的樂隊雖然不是大樂團，奏起音量來不是很雄壯，但畢竟這是異國的一座小城，能為紀念我們國歌的作曲者聶耳而舉辦祭祀活動，確是非常了不起的事情。而且每年都舉辦，年復年，既長且久，這又是多麼難能可貴之事。我真要感謝「聶耳記念碑保存會」和一批日中友好人士的一番情意，還有他們的堅守精神，甚至換了世代，依然不忘不棄地傳承下去，實在令人肅然起敬。

「聶耳架起了友好的橋梁」，這是印在古橋宏造事務局長名片上的勉語金句。但願這座中日友好之橋，能夠飛架到日本的都道府縣去，並能世世代代永續！

2019 年 7 月 28 日

《中華人民共和國國歌法》

（2017 年 9 月 1 日第十二屆全國人民代表大會常務委員會第二十九次會議通過）

第一條　為了維護國歌的尊嚴，規範國歌的奏唱、播放和使用，增強公民的國家觀念，弘揚愛國主義精神，培育和踐行社會主義核心價值觀，根據憲法，制定本法。

第二條　中華人民共和國國歌是《義勇軍進行曲》。

第三條　中華人民共和國國歌是中華人民共和國的象徵和標誌。

　　　　一切公民和組織都應當尊重國歌，維護國歌的尊嚴。

第四條　在下列場合，應當奏唱國歌：

　　　　（一）全國人民代表大會會議和地方各級人民代表大會會議的開幕、閉幕；

　　　　中國人民政治協商會議全國委員會會議和地方各級委員會會議的開幕、閉幕；

　　　　（二）各政黨、各人民團體的各級代表大會等；

　　　　（三）憲法宣誓儀式；

　　　　（四）升國旗儀式；

　　　　（五）各級機關舉行或者組織的重大慶典、表彰、紀念儀式等；

　　　　（六）國家公祭儀式；

（七）重大外交活動；

（八）重大體育賽事；

（九）其他應當奏唱國歌的場合。

第五條　國家倡導公民和組織在適宜的場合奏唱國歌，表達愛國情感。

第六條　奏唱國歌，應當按照本法附件所載國歌的歌詞和曲譜，不得採取有損國歌尊嚴的奏唱形式。

第七條　奏唱國歌時，在場人員應當肅立，舉止莊重，不得有不尊重國歌的行為。

第八條　國歌不得用於或者變相用於商標、商業廣告，不得在私人喪事活動等不適宜的場合使用，不得作為公共場所的背景音樂等。

第九條　外交活動中奏唱國歌的場合和禮儀，由外交部規定。軍隊奏唱國歌的場合和禮儀，由中央軍事委員會規定。

第十條　在本法第四條規定的場合奏唱國歌，應當使用國歌標準演奏曲譜或者國歌官方錄音版本。

外交部及駐外外交機構應當向有關國家外交部門和有關國際組織提供國歌標準演奏曲譜和國歌官方錄音版本，供外交活動中使用。

國務院體育行政部門應當向有關國際體育組織和賽會主辦方提供國歌標準演奏曲譜和國歌官方錄音版本，

供國際體育賽會使用。

國歌標準演奏曲譜、國歌官方錄音版本由國務院確定的部門組織審定、錄製，並在中國人大網和中國政府網上發佈。

第十一條　國歌納入中小學教育。

中小學應當將國歌作為愛國主義教育的重要內容，組織學生學唱國歌，教育學生了解國歌的歷史和精神內涵、遵守國歌奏唱禮儀。

第十二條　新聞媒體應當積極開展對國歌的宣傳，普及國歌奏唱禮儀知識。

第十三條　國慶節、國際勞動節等重要的國家法定節日、紀念日，中央和省、自治區、直轄市的廣播電台、電視台應當按照國務院廣播電視主管部門規定的時點播放國歌。

第十四條　縣級以上各級人民政府及其有關部門在各自職責範圍內，對國歌的奏唱、播放和使用進行監督管理。

第十五條　在公共場合，故意篡改國歌歌詞、曲譜，以歪曲、貶損方式奏唱國歌，或者以其他方式侮辱國歌的，由公安機關處以警告或者十五日以下拘留；構成犯罪的，依法追究刑事責任。

第十六條　本法自 2017 年 10 月 1 日起施行。

中華人民共和國國歌大事歷程

1931 年	9 月 18 日，日本在瀋陽發動侵華的「九・一八」事變。其後，東北組成義勇軍抗敵。
1932 年	1 月 28 日，日軍突襲上海閘北的中國駐軍。蔣光鼐、蔡廷鍇率十九路軍還擊，爆發淞滬抗日戰爭。聶耳到前線看到十九路軍英勇抗日，想到要有抗戰的音樂。 4 月 22 日，田漢和聶耳首次會晤。
1934 年	年初，在上海中共文委電影小組的協助下，成立了電通影業公司。 朱慶瀾將軍出資贊助「電通」拍攝以義勇軍抗日為題材的電影，由田漢撰寫劇本。
1935 年	年初，電通影業公司遷至上海荊州路 405 號。 約於 2 月初，田漢完成電影劇本梗概並創作了主題歌（即後來的《義勇軍進行曲》）歌詞。 2 月 19 日晚上，田漢被捕。 夏衍將田漢的「梗概」寫成電影劇本，並改名為《風雲兒女》，由許幸之當導演，開始拍攝。影棚就在荊州路 405 號。

3 月中旬，聶耳開始為《義勇軍進行曲》作曲。初稿完成後，向許幸之徵求意見。

4 月 15 日，為逃避國民黨政府的緝捕，聶耳乘船赴日。

5 月初，聶耳將《義勇軍進行曲》定稿，由東京寄回上海。賀綠汀為《義勇軍進行曲》配樂，俄籍音樂家阿甫夏洛莫夫配器。上海百代唱片公司出版發行《義勇軍進行曲》唱片。

5 月 24 日，電影《風雲兒女》在上海金城大戲院首映。《義勇軍進行曲》由此傳唱到全國各地。

7 月 17 日下午，聶耳在日本神奈川縣藤澤市的鵠沼海濱游泳，不幸遇溺離世，終年僅二十三歲。同年秋，聶耳骨灰被護送回上海。

1936 年	聶耳骨灰由其三兄聶敘倫迎回昆明。 6 月 7 日，劉良模在上海公共體育場帶領「民眾歌詠會」高唱《義勇軍進行曲》，數千人參加。
1937 年	7 月 7 日爆發「盧溝橋事變」，日本全面侵華，中國軍民奮起抗戰，《義勇軍進行曲》成為鼓舞抗日的著名軍歌。 聶耳骨灰安葬在昆明西郊美人峰。
1940 年	劉良模在美國傳唱抗日戰歌，教會美國黑人歌手保羅・羅伯遜用漢語唱出《義勇軍進行曲》，並灌錄成為《起來！—— 新中國之歌》的唱片。宋慶齡女士為唱片撰寫了英文序言。

| 1944 年 | 美國國務院準備在戰勝德意日軸心國之際，奏放同盟國各國的代表歌曲以示慶祝。《義勇軍進行曲》被選作中國的代表曲。 |

| 1949 年 | 6 月 15 日，新政治協商會議籌備會通過：「擬定國旗、國徽、國歌」由第六組負責。組長馬敘倫、副組長葉劍英、沈雁冰，組員有田漢、郭沫若等。 |

7 月 16 日，在全國各大城市的報章刊登徵求國歌詞譜的啟事。

8 月 5 日，通過聘請專家馬思聰、賀綠汀、呂驥、姚錦新為選委會顧問。應徵的樂曲有六百三十二件，歌詞六百九十四件。

9 月初，因應徵的稿件未能達到選委的要求，轉而集中從已經廣泛傳唱的愛國歌曲中遴選。徐悲鴻建議用《義勇軍進行曲》來暫代國歌，劉良模也贊成力薦。

9 月 25 日晚上在中南海舉行協商會，毛澤東、周恩來也親自出席。《義勇軍進行曲》已被認同用作暫代國歌，只是對是否改換歌詞而有不同意見。最後，周恩來認為舊歌詞才能鼓動情感。即通過仍用舊歌詞。

9 月 27 日，政協第一屆全體會議表決通過：「國歌未正式制定前，以《義勇軍進行曲》為國歌。」

10 月 1 日，在中華人民共和國成立大典上，國歌《義勇軍進行曲》在天安門廣場奏起。

1954 年	中央人民政府在昆明西山重修聶耳墓，並由郭沫若撰書碑文。
	11 月 1 日，日本藤澤市建成「聶耳記念碑」。
1963 年	6 月 1 日，藤澤市的「聶耳記念碑」於 1956 年為颱風所毀，藤澤市成立「聶耳記念碑保存會」。
1965 年	9 月，藤澤市「聶耳記念碑」重建完竣，並刻上由秋田雨雀撰、豐道春海書的碑文，郭沫若也題了碑銘。
1968 年	12 月 10 日，田漢被「四人幫」迫害，死於 301 醫院，終年七十歲。
1978 年	3 月 5 日，第五屆全國人民代表大會第一次會議通過集體重新填寫國歌歌詞，棄用田漢的原作歌詞。
1979 年	4 月 25 日，中共中央為田漢舉行追悼會，由人大副委員長廖承志主持，全國文聯主席沈雁冰致悼詞。
1980 年	昆明市人民政府在西山重建聶耳墓。
1982 年	12 月 4 日，第五屆全國人民代表大會第五次會議通過恢復《義勇軍進行曲》為中華人民共和國國歌，撤銷本屆全國人大第一次會議通過的關於中華人民共和國國歌的決定。
1983 年	2 月 14 日，夏衍為了澄清對《義勇軍進行曲》存在不盡不實的流言，撰寫了〈夏衍談《義勇軍進行曲》的來歷〉，刊於《北京晚報》。

1985 年	7 月 17 日，昆明舉行擴建聶耳墓的揭幕典禮。而日本藤澤市亦為紀念聶耳逝世五十周年，在紀念碑前新鑄聶耳半身像。
1986 年	3 月，藤澤市市長葉山峻撰寫《聶耳記念碑的由來》，鑴刻在紀念碑前。
2002 年	田漢的大理石雕像矗立在長城居庸關的駝峰上。
2004 年	3 月 14 日，第十屆全國人民代表大會第二次會議通過了《中華人民共和國憲法修正案》，在憲法第一百三十六條增加一款作為第二款：「中華人民共和國國歌是《義勇軍進行曲》」。
2009 年	9 月 25 日，上海國歌展示館落成開放，其館址正是當年拍攝電影《風雲兒女》的電影廠所在地。
2017 年	9 月 1 日，第十二屆全國人民代表大會常務委員會第二十九次會議通過《中華人民共和國國歌法》，並頒佈於 2017 年 10 月 1 日起施行。
2019 年	1 月 24 日，澳門特別行政區立法會通過《國旗、國徽及國歌的使用及保護》法案，並於 2019 年 2 月 5 日起生效。
2020 年	6 月 4 日，香港特別行政區立法會通過《國歌條例》法案，並於 2020 年 6 月 12 日刊憲即時生效。

後 記

　　憶昔少年時，正值十年「文革」，每逢節慶奏國歌，全體起立，只聽不唱，所以對國歌的認識不夠深，僅知作曲者的姓名有點妙趣，共有四隻耳朵 —— 聶耳。

　　後來，東渡日本留學，在東京中華書店當鐘點工，與張正琪兄結緣共事。遇有假日，張兄邀我至其家，小住數天。張正琪是第三代旅日華僑，家居藤澤市片瀨海岸，面對相模灣，鄰接江之島，風光如畫，景色迷人。某日，我和張兄騎上腳踏車，來到鵠沼海灘。但見波光粼粼，游泳健兒在海中浮游，愛日光浴者在沙灘上靜躺，歡笑聲此起彼落，果然是一塊人人嚮往的度假勝地。張正琪兄引我到沙灘邊，介紹「聶耳記念碑」給我。我讀了秋田雨雀撰寫的碑文，驚嘆聶耳英年早逝。不久，北京傳來田漢平反的消息，始知才華橫溢的田漢便是《義勇軍進行曲》的歌詞作者，而他也是留學日本的。從此以後，我開始留心田漢和聶耳這對黃金搭檔的逸聞舊事。

　　2015 年 9 月 18 日，澳門教育局為紀念「九‧一八」事變邀請我主講「九‧一八與中國國歌」。講座反應熱烈，最後還全體起立，奏唱了國歌。

今年初，我將當年的講稿整理出來，擬在雜誌發表。但因為超出雜誌所限字數，未能刊出，香港三聯書店侯明總編輯聞悉，不但不嫌其長，反而建議我將蒐訪得來的資料盡量增補續寫，由三聯來出版，遂有此書之作，這是我要感謝侯明總編的。侯總又授意李斌編輯來編理拙稿，在此也要向李兄表示謝意。

我執筆撰述此書時，參考了王懿之的《聶耳傳》和紫茵的《我們的國歌》，並引用了他們的研究成果，謹向二位表示衷心的感謝！而田申的大作《我的父親田漢》，資料充實，其中不少鮮為人知的史事，啟導我更好地描畫田漢先生，謹向田申先生表示深切謝意，更要向他致敬，因為他還是一位英勇的戰士！

圖片資料方面，大多是我參觀考察歷史紀念館時拍下的，其中主要有中國人民抗日戰爭紀念館、北京宋慶齡故居、上海國歌展示館等。同時，也有引用我收藏的舊書刊，如 1933 年由上海出版的《攝影畫報》和日本出版的圖冊，以及一些舊明信片等，謹在此向以上的紀念館和出版社致以衷心的感謝，並抱歉未能一一致函聯繫。因此，本書出版後，當寄呈高覽，以表謝忱！

我要感謝高孝湛前輩，他本來為我到上海圖書館去影印《北京晚報》，竟然找到他的老朋友蔡康非先生，在網上購得刊出〈夏衍談《義勇軍進行曲》的來歷〉那份《北京晚報》，實在令人大喜過望，謝謝蔡先生。

香港城市大學景祥祜教授介紹台灣東海大學圖書館特藏組員謝鶯興教授給我認識，謝教授回台後，馬上將一些中華民國國歌的史料傳送給我參考，謹向景、謝二教授表示謝忱。

張正琪兄當然是要感謝的，似乎是他導引了我去研究聶耳，同時經他穿針引線再聯繫到岩崎富久男教授，其隆情厚意，感銘殊深！至於岩崎教授和古橋宏造事務局長的熱情接待，並一同參拜「聶耳記念碑」，給了我很多寶貴資料，謹表深謝！

九十三叟冬春軒（劉樺先生），青少年時正值日寇侵華，鐵蹄犯境，為保命棄家出逃，顛沛流離，艱苦困頓，親歷了中華民族那段「最危險的時候」。近聞我有是書之作，欣然賦成五古寄示，銘感之餘，謹錄如下，並代擬題《感懷田漢、聶耳》：

田漢是好漢 ①，丹心表忠烈；
聶耳有好耳 ②，聰靈分音節。
作曲與寫詞，中華雙人傑；
枹鼕 ③ 顯軍威，號角成圭臬；

---

① 洪深曾說過：田漢打不怕，罵不怕，窮不怕，寫不怕，是一個硬漢子。據傳，徐悲鴻也曾說田漢是一個好漢子。

② 聶耳的耳朵非常靈敏，聽覺甚佳，耳朵能擺動，同輩的藝人曾以「耳朵」來呼聶耳。

③ 枹，音膚，鼓的槌；鼕，音高，大鼓。

長城似鋼堅，眾志如爐熱。

惡浪噬英才，牢籠熬智哲；

倚閭淚眼枯，念子語凝噎。

劫難事迷離，思之猶慘切；

嘉譽立貞珉，肉香三月絕④。

本書付梓在即，我內心耿耿，因為一直未能抽空前往昆明，參謁聶耳墓園。書中收錄的昆明聶耳墓園照片，是侯總請她的老同事拍攝傳送過來的，也真感謝他們！惟盼拙作出版後，專赴昆明，敬獻於墓前。

黃天

2018 年 7 月 30 日於香港愧書劍齋

本書在香港出版後，即獲內地多家出版社垂青，擬出簡體字版以迎七十周年國慶，使我雀躍萬分。其後，香港三聯書店為我作主，將拙作交北京三聯書店梓行。

2019 年 5 月中旬，我擠得五天假期，偕同內子葆真，乘坐高鐵，直奔雲南昆明，一償參謁聶耳墓園之宿願。此行幸得

---

④ 孔子與齊太師談樂，「聞韶樂，學之，三月不知肉味」，這裏引此典來讚美《義勇軍進行曲》。

雲南昆明市教育局教師培訓中心李胤汶主任和雲南亙元教師心靈成長研究院的章藝齡院長熱情接待，安排李銀剛兄開車送我們前往各歷史名跡和景區參觀。在李兄的引領下，我們登上西山，拜謁聶耳墓園，又轉至舊城，參觀甬道街復原後的聶耳故居，大大豐富了我的資料，而且旅途是那麼順利和舒適。在這裏，特別要向李胤汶主任、章藝齡院長和李銀剛兄致以萬二分謝意。

同年 7 月中旬，我踐約專程飛赴日本，出席藤澤市的「碑前祭」，親身體驗日本友好人士對紀念聶耳所傾注的情與義。

回港後，即撰成〈出席藤澤市的「碑前祭」〉，連同增補的圖片，電傳北京三聯書店，趕忙補入付印，並成功在國慶節前刊出內地版。

猶記本書方梓行，即蒙澳門教青局、中國國情研習促進會（香港）鼎力支持；又有一眾好友如著名設計師劉小康、校監李智廣、專欄作家陳艷華和劉偉華博士等，為拙著口傳筆宣，力賜吹噓，從而銷量大增，近告脫銷，欣喜之餘，私衷銘感！

今印機即將重啟，藉此補入出席藤澤市碑前祭的圖與文，並感謝徐永文君協助，將初版訛脫之處，一一改正，是為「增訂版」。

2021 年 4 月 25 日又記